Korea 정보화
네이버 블로그

나도 할 수 있다
주목받는 블로그 만들기

불필요한건 빼고 필요한 것만 공부한다!

Korea 정보화
네이버 블로그

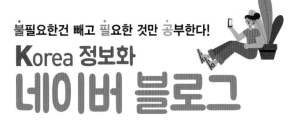

발 행 일 : 2021년 11월 01일(1판 1쇄)
I S B N : 978-89-8455-064-3(13000)
정   가 : 12,000원

집   필 : 신정숙
진   행 : 김동주
본문디자인 : 앤미디어

발 행 처 : (주)아카데미소프트
발 행 인 : 유성천
주   소 : 경기도 파주시 정문로 588번길 24
홈페이지 : www.aso.co.kr / www.asotup.co.kr

CONTENTS

01 CHAPTER 블로그 시작하기

◀ 예제파일 : s-01.jpg, s-02.jpg   ◀ 완성파일 : s-01_완성.jpg

✴ 이번 장에서는

네이버 블로그의 기본 정보를 만들어보겠습니다. 내 블로그의 제목 및 별명과 소개글을 작성하고 프로필용 사진을 작성해 프로필에 사진을 등록하는 방법을 알아보겠습니다.

▲ 블로그 프로필 이미지 등록하기

▲ 모바일앱 커버 이미지 등록하기

01 네이버 블로그의 화면 구성

01 네이버 블로그의 화면 구성에 대해서 알아보겠습니다.

❶ **네이버 메뉴 :** 블로그 제일 상단에 위치하여 관리와 꾸미기, 로그인 정보 등이 있는 곳입니다.

❷ **타이틀 :** 블로그를 처음 방문하는 사람이 가장 먼저 보게 되는 블로그의 대문 같은 곳입니다.

❸ **블로그 메뉴 :** 블로그 메뉴 중 가장 대표하여 보여주고 싶은 메뉴를 모아놓은 곳입니다.

❹ **상단 메뉴 :** 타이틀 아래 오른쪽에 위치하며 가장 대표하여 보여주고 싶은 메뉴를 모아놓은 곳입니다.

❺ **프로필 :** 블로그를 방문하는 사람들에게 내 블로그를 소개하는 곳입니다.

❻ **글쓰기, 관리 통계 :** 블로그에 글을 쓰거나 블로그 관리, 통계를 확인할 수 있는 곳입니다.

❼ **카테고리 :** 블로그에 표현하고 싶은 글의 메뉴들이 모여 있는 곳입니다.

❽ **글쓰기 영역 :** 블로그에 글을 쓸 수 있는 공간입니다.

❾ **사이드 바 :** 글쓰기 영역의 좌측이나 우측에 위치하여 글쓰기 외의 다양한 메뉴들이 모여 있는 곳입니다.

01 네이버 홈페이지에 로그인하여 프로필 영역에 [블로그]를 클릭한 후 [내 블로그]를 클릭합니다.

02 아직 블로그에는 작성된 글이 없습니다. 상단메뉴에서 [내 메뉴]를 클릭한 후 [관리]를 클릭합니다.

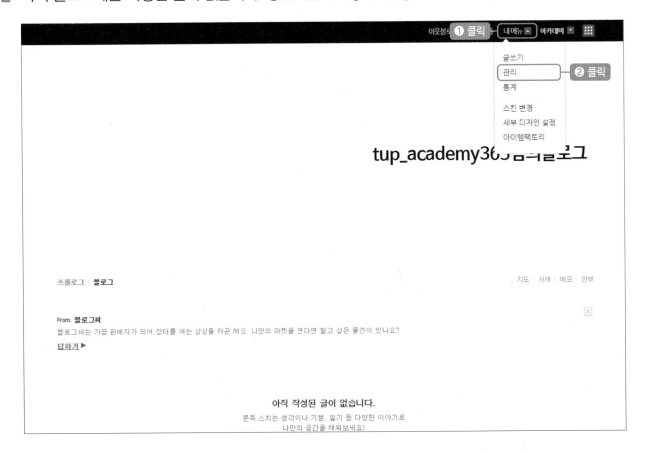

03 [기본 설정]–[기본 정보 관리]에서 [블로그 정보]를 클릭하고 [블로그명], [별명], [소개글]을 작성합니다. 이어서, [내 블로그 주제]를 '일상·생각'을 선택하고 〈확인〉 단추를 클릭합니다.

04 '성공적으로 반영되었습니다' 라는 창이 나타나면 〈확인〉 단추를 클릭합니다.

◆ 포토스케이프 설치하기

01 네이버 검색창에 '포토스케이프'를 입력하고 검색( )을 클릭합니다.

02 검색 결과에서 포토스케이프 프로그램 정보를 확인한 후 사이트명(www.photoscape.co.kr)을 클릭합니다.

03 포토스케이프 다운로드 사이트가 열리면 [무료다운로드]를 클릭한 후 운영체제에 맞는 프로그램을 클릭하여 다운로드 합니다.

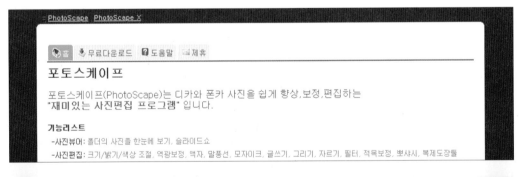

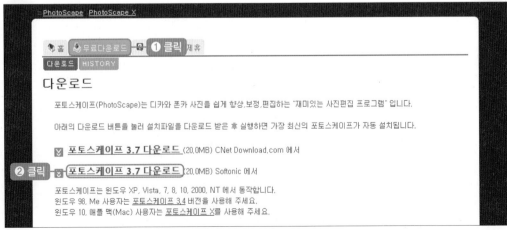

◆ 포토스케이프로 프로필 사진 만들기

01 포토스케이프를 실행하여 [사진편집]을 클릭합니다.

02 [사진편집] 탐색기 작업 창에서 [예제파일]–[1장]–'s–01.jpg'를 클릭한 후 [크기조절]을 클릭합니다.

03 [크기조절] 대화상자가 나타나면 [가로:세로 비율 유지]를 클릭하여 체크표시를 해제한 후 가로/세로를 '161'(픽셀)로 수정하고 〈확인〉 단추를 클릭합니다.

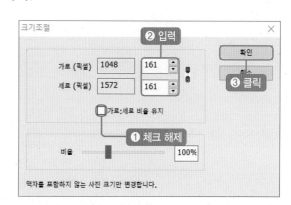

TIP

> 네이버 프로필 이미지 사이즈는 가로/세로 '161'(픽셀)입니다.

04 이미지 크기가 가로/세로 '161'(픽셀)로 맞추어 조절되면 〈저장〉 단추를 클릭합니다.

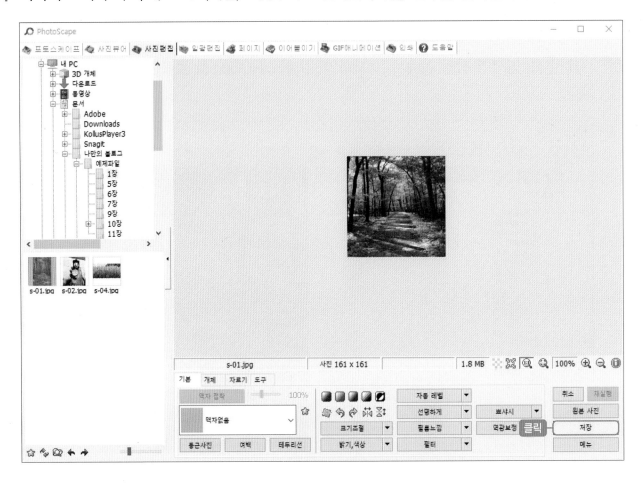

05 [저장] 대화상자가 나타나면 〈다른 이름으로 저장〉 단추를 클릭합니다.

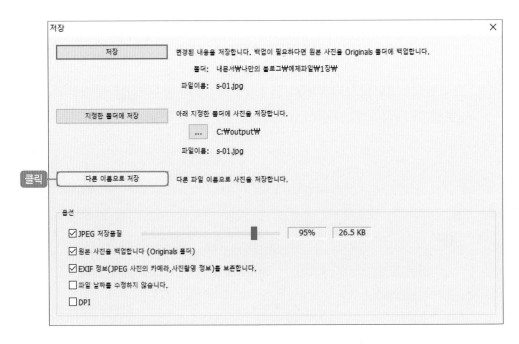

06 [다른 이름으로 저장] 대화상자가 나타나면 이미지 파일의 이름을 '프로필'로 입력하고 〈저장〉
단추를 클릭합니다.

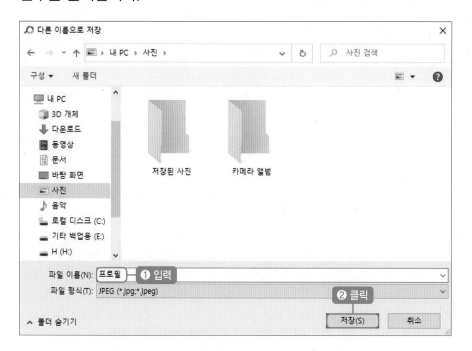

04 프로필 등록하기

01 블로그 기본 설정에서 [블로그 정보]–[블로그 프로필 이미지]의 〈등록〉 단추를 클릭합니다.

02 [이미지 첨부] 대화상자가 나타나면 〈찾아보기〉 단추를 클릭합니다. 이어서, [열기] 대화상자가 나타나면 만들어 놓은 '프로필' 사진을 클릭하고 〈열기〉 단추를 클릭합니다.

03 [이미지 첨부] 대화상자에 그림의 경로를 확인하고 〈확인〉 단추를 클릭합니다.

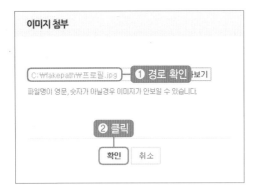

04 [모바일앱 커버 이미지]의 〈등록〉 단추를 클릭한 후 [이미지 첨부] 대화상자가 나타나면 〈찾아보기〉 단추를 클릭합니다.

05 [열기] 대화상자가 나타나면 [예제파일]-[1장]-'s-2.jpg' 파일을 선택하고 〈열기〉 단추를 클릭합니다.

06 [이미지 첨부] 대화상자에 그림파일의 경로를 확인한 후 〈확인〉 단추를 클릭합니다. 이어서, 블로그 정보 화면 아래에 〈확인〉 단추를 클릭합니다.

07 '성공적으로 반영되었습니다' 메시지가 나타나면 〈확인〉 단추를 클릭합니다.

예제파일 : s-04.jpg   완성파일 : s-04_완성.jpg

1 네이버에 접속하여 내 블로그에 들어가 봅니다.

2 '포토스케이프'를 실행하여 [예제파일]-[1장]-'s-04.jpg' 파일의 사진 크기를 가로/세로 '161'(픽셀)로 조절하여 봅니다.

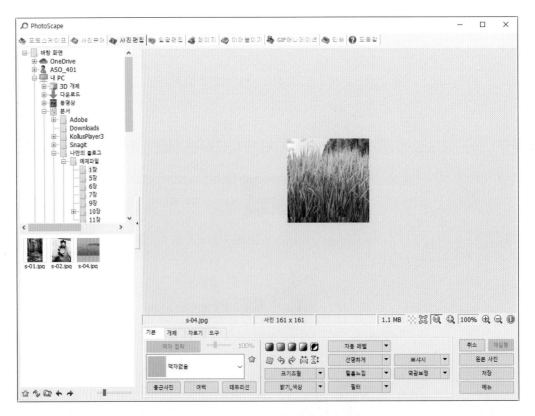

MEMO

블로그 꾸미기

CHAPTER 02

◁ **예제파일** : 없음　　◁ **완성파일** : 없음

✖ 이번 장에서는

내 블로그를 방문하는 사람들에게 보여지는 전체적인 모습인 스킨을 설정해보고, 내 블로그에 어떤 내용으로 채울 지를 결정하는 카테고리를 생성해보겠습니다. 또한 블로그를 방문하는 사람들에게 가장 강조하고 싶은 상단 메뉴를 설정하는 방법을 알아보겠습니다.

▲ 스킨 설정하기

▲ 카테고리 생성하기

01 화면 왼쪽 '관리' 메뉴를 클릭하여 관리 모드로 들어갑니다.

02 꾸미기 설정에서 [스킨 선택]을 클릭하여 여러 스킨을 살펴보고 '겨울' 스킨의 [미리보기]를 클릭합니다.

03 〈바로 적용〉 단추를 클릭합니다. 이어서, '스킨이 적용되었습니다. 내 블로그에서 확인하시겠습니까?' 라는 창이 나타나면 〈확인〉 단추를 클릭하여 내 블로그에 스킨을 적용합니다.

01 내 블로그 첫 화면에서 '관리' 메뉴를 클릭합니다.

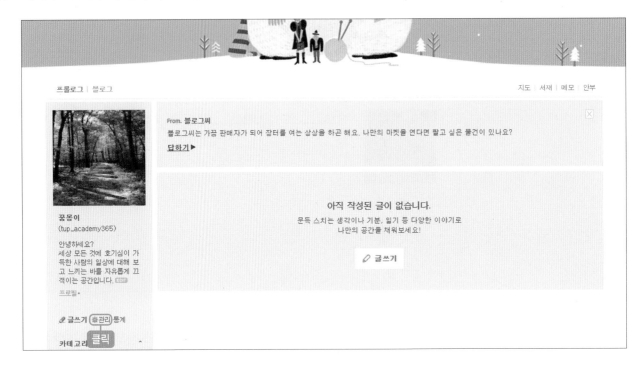

02 [기본 설정]–[기본 정보 관리]–[블로그 정보]에서 '블로그 주소'를 확인합니다.

| 기본 설정 | 꾸미기 설정 | 메뉴·글·동영상 관리 | 내 블로그 통계 | 전체보기 ∨ | | 블로그 마켓 가입 |

기본 정보 관리
블로그 정보
프로필 정보
기본 에디터 설정

사생활 보호
블로그 초기화
방문집계 보호 설정
콘텐츠 공유 설정

스팸 차단
스팸 차단 설정
차단된 글목록
댓글·안부글 권한

열린이웃
이웃·그룹 관리
나를 추가한 이웃
서로이웃 맺기

블로그 정보

블로그 주소   https://blog.naver.com/tup_academy365 — 확인

블로그명   꿈자람하우스   한글, 영문, 숫자 혼용가능 (한글 기준 25자 이내)

별명   꿈몽이   한글, 영문, 숫자 혼용가능 (한글 기준 10자 이내)

소개글   안녕하세요?
세상 모든 것에 호기심이 가득한 사람의 일상에 대해
보고 느끼는 바를 자유롭게 끄적이는 공간입니다.   블로그 프로필 영역의
프로필 이미지 아래에 반영됩니다.
(한글 기준 200자 이내)

내 블로그 주제   일상·생각   내 블로그에서 다루는 주제를 선택하세요.
프로필 영역에 노출됩니다.

TIP

네이버에 회원가입을 하는 동시에 내 블로그가 생성되고 자동으로 내 아이디가 블로그 주소가 됩니다.

◆ 특수문자 넣어 카테고리 생성하기

01 내 블로그 첫 화면에서 '관리' 메뉴를 클릭한 후 [메뉴·글·동영상 관리]–[블로그]를 클릭합니다.

02 이어서, 기본으로 생성되어 있는 [게시판]을 클릭합니다.

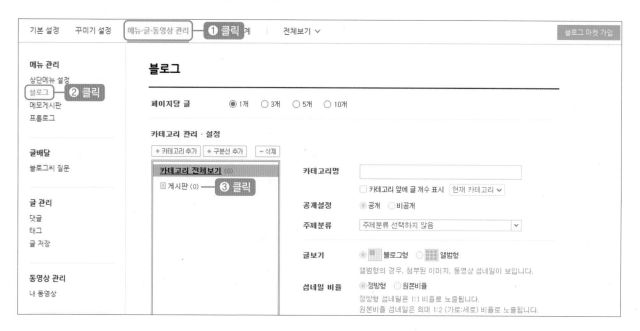

03 '카테고리명'에서 특수문자를 넣기 위해 한글 자음 중 'ㅁ'을 입력한 후 자판의 한자 키를 누릅니다.

04 키보드에서 Tab 키를 눌러 'ㅁ'에 해당하는 전체 특수문자에서 '◆'를 클릭합니다.

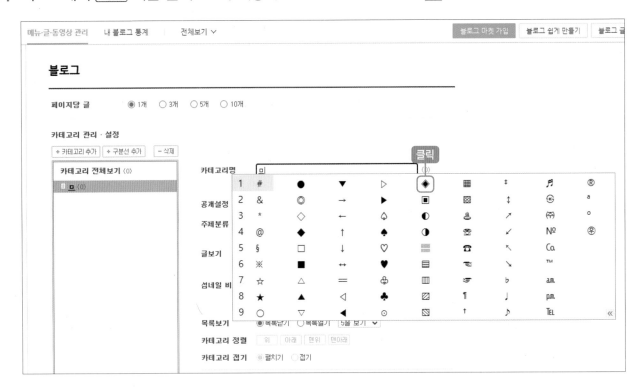

05 특수문자가 입력되면 '자유게시판'이라고 입력한 후 '카테고리 옆에 글 개수 표시(체크)', '공개설정(공개)'로 설정합니다.

TIP

카테고리명은 자신이 생각한 대로 만들어주면 됩니다.

06 '주제분류'를 클릭하고 목록에서 '일상·생각'을 선택합니다.

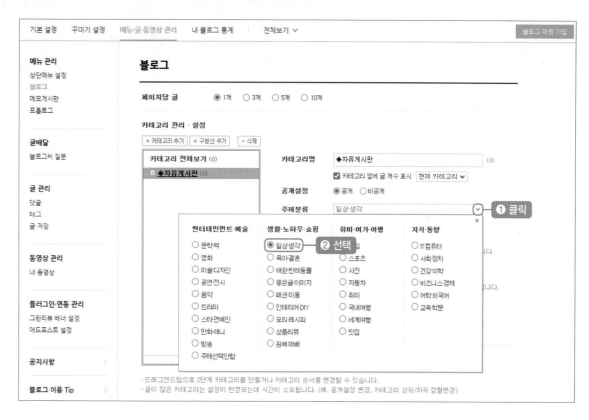

07 나머지 기본설정은 '글보기(블로그형)', '섬네일 비율(정방형)', '목록보기(목록닫기)', '카테고리 접기(펼치기)'로 설정합니다.

TIP

사진 위주의 블로그인 경우 [공개설정]을 '앨범형'으로 설정합니다.

04 카테고리 추가하기

01 [카테고리 관리·설정]에서 [카테고리 전체보기]를 클릭하고 〈카테고리 추가〉 단추를 클릭합니다.

02 [카테고리명]에 '◆생활정보'를 입력하고 [주제분류]는 '일상·생각'을 선택합니다.

01 [카테고리 관리·설정]에서 〈구분선 추가〉 단추를 클릭합니다.

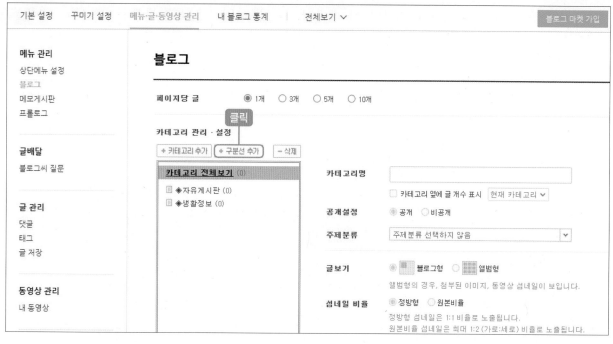

TIP

구분선은 마우스로 드래그하여 위치를 자유자재로 바꿀 수 있습니다.

02 구분선이 추가되면 〈카테고리 추가〉 단추를 클릭하여 구분선 밑에 새 카테고리를 생성합니다. 이어서, '◆컴퓨터'를 입력하고 [주제 분류]는 'IT·컴퓨터'로 선택합니다.

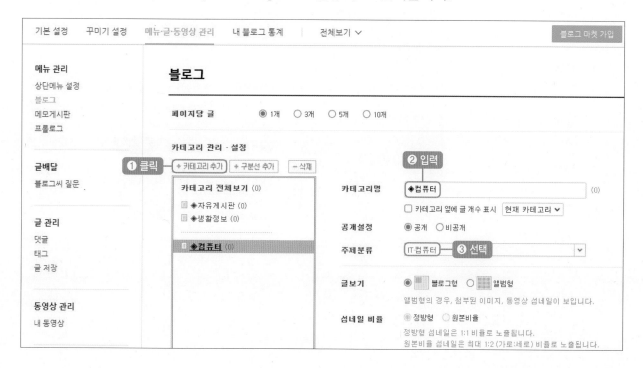

01 [컴퓨터] 카테고리를 클릭한 후 〈카테고리 추가〉 단추를 클릭합니다.

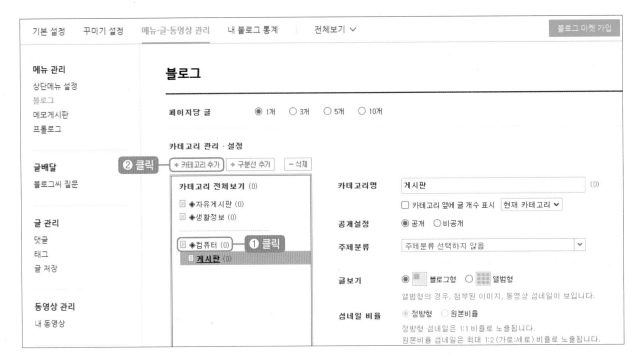

02 [카테고리명]에 특수문자 없이 '블로그 배우기'를 입력하고 [주제분류]는 'IT·컴퓨터'로 선택합니다.

03 [카테고리 전체보기]를 클릭한 후 〈카테고리 추가〉 단추를 클릭합니다. 이어서, 새 카테고리가 생성되면 '◆좋은글 모음'을 입력하고 생성된 새 카테고리를 위쪽으로 드래그합니다.

04 새로 생성된 카테고리명(◆좋은글 모음)이 구분선 위쪽으로 이동된 것을 확인하고 〈확인〉 단추를 클릭합니다.

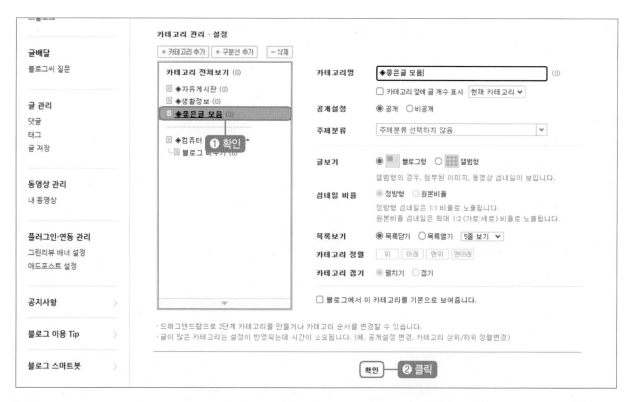

01 [메뉴·글·동영상 관리]–[메뉴 관리]에서 [상단메뉴 설정]을 클릭합니다.

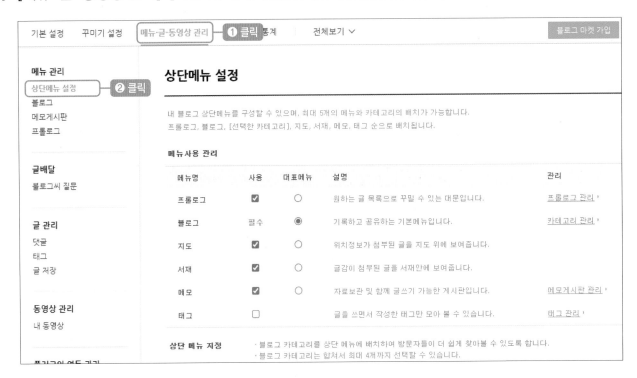

02 블로그 카테고리에 [◆생활정보]를 클릭하고 〈선택〉 단추를 클릭하여 메뉴가 선택되면 〈미리보기〉 단추를 클릭합니다.

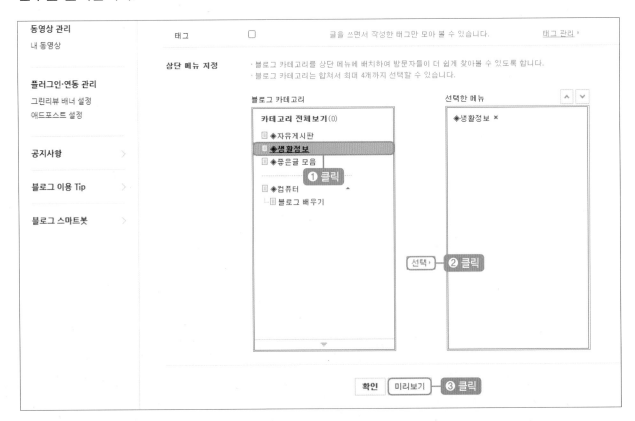

03 미리보기 창이 나타나면 '◆생활정보'가 생성된 것을 확인한 후 닫기(X)를 눌러 미리보기를 닫습니다. 이어서 〈확인〉 단추를 클릭합니다.

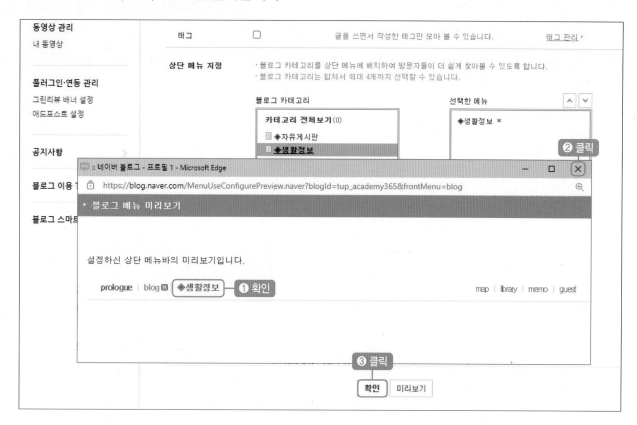

04 '성공적으로 반영되었습니다' 창이 나타나면 〈확인〉 단추를 클릭합니다.

활용마당

예제파일 : 없음   완성파일 : 없음

1 '◆속담모음' 카테고리를 생성하고 [◆컴퓨터] 하위 카테고리로 '유튜브 배우기'를 생성해봅니다.

2 [좋은글모음], [속담모음], [유튜브 배우기] 카테고리를 삭제해봅니다.

TIP

삭제하고 싶은 카테고리가 있는 경우 해당 카테고리를 클릭하고 〈삭제〉 단추를 클릭하여 삭제합니다.

MEMO

03 블로그 레이아웃, 위젯 설정하기
CHAPTER

✖ 이번 장에서는

네이버 블로그의 전체적인 모습인 레이아웃을 설정하는 방법과 위젯을 설정하는 방법을 배워보도록 하겠습니다.

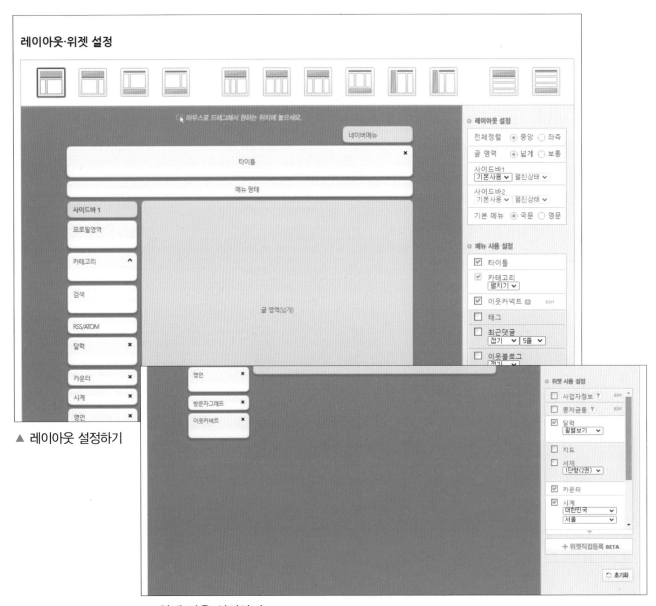

▲ 레이아웃 설정하기

▲ 위젯 사용 설정하기

01 레이아웃 설정하기

01 첫 화면에서 '관리' 메뉴를 클릭하여 관리 모드로 들어갑니다. 이어서, [꾸미기 설정]을 클릭한 후 [디자인 설정]–[레이아웃·위젯 설정]을 클릭합니다.

02 [레이아웃·위젯설정]에서 첫 번째 레이아웃을 클릭합니다. 이어서, '레이아웃을 변경하시겠습니까?' 창이 나타나면 〈확인〉 단추를 클릭합니다.

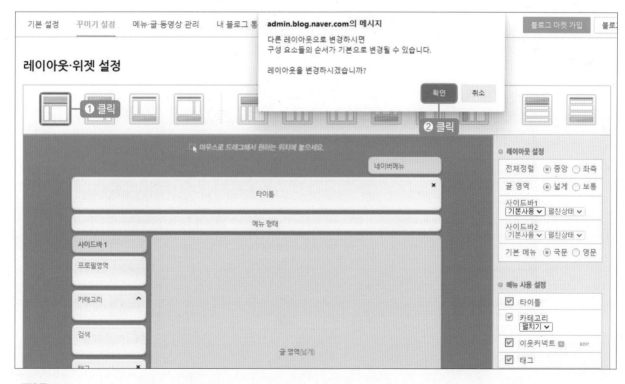

TIP

여러 형태에 '레이아웃'을 적용해보고 마음에 드는 '레이아웃'을 선택합니다.

03 [사이드바1]에 있는 메뉴 중 '태그', '이웃커넥트'는 삭제(⊠)를 클릭하여 삭제합니다.

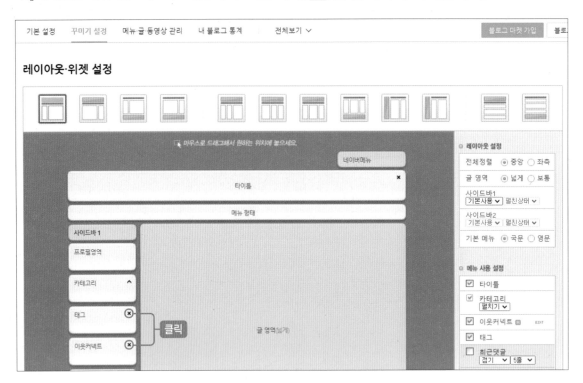

TIP

'삭제(⊠)' 표시가 없는 항목은 필수 요소이므로 삭제할 수가 없습니다.

04 오른쪽 [레이아웃 설정]에서 '전체정렬(중앙)', '글 영역(넓게)', '사이드바1(기본사용)', '기본 메뉴 (국문)'로 설정합니다.

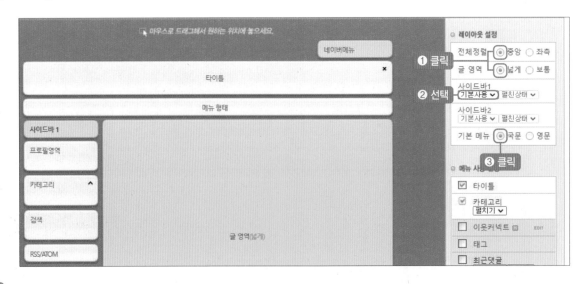

TIP

▶ 전체정렬은 모니터에서 내 블로그 화면을 '중앙'에 배치하는 설정입니다.
▶ 포스트 영역이 넓어야 내가 쓴 글이 시각적으로 훨씬 보기 좋습니다.
▶ '영문'으로 설정할 경우 모든 메뉴가 영문으로 나타납니다.

01 [메뉴 사용 설정]에서 '타이틀(사용함)', '카테고리(펼치기)'로 설정합니다.

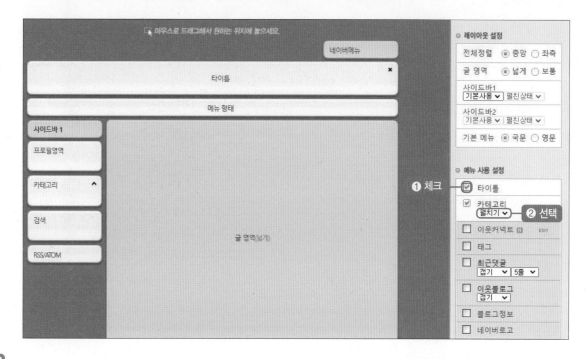

TIP

카테고리가 '접기'로 설정 되어 있으면 모든 카테고리가 숨겨져 보입니다.

03 위젯 사용 설정하기

01 [위젯 사용 설정]에서 '달력', '카운터', '시계'를 클릭하여 '사용함'으로 설정합니다.

02 [위젯 사용 설정]에서 '명언', '방문자그래프'을 클릭하여 '사용함'으로 설정한 후 〈미리보기〉 단추를 클릭합니다.

03 위젯이 설정된 모습을 확인한 후 닫기(⊠) 단추를 클릭합니다.

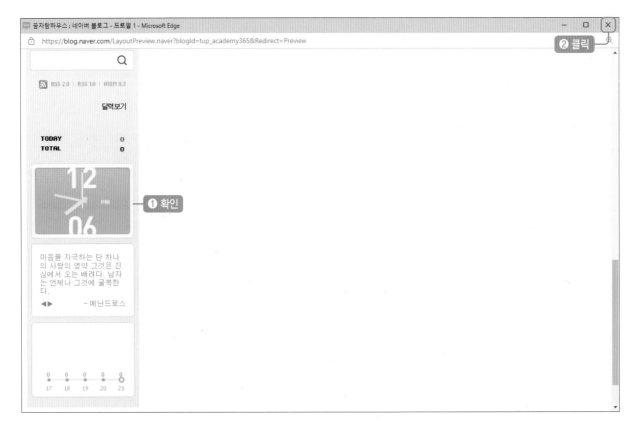

04 다시 설정 모드에서 〈적용〉 단추를 클릭한 후 '레이아웃을 블로그에 적용하시겠습니까?' 창이 나타나면 〈확인〉 단추를 클릭합니다.

05 레이아웃과 위젯이 설정 완료된 것을 확인합니다.

○ 예제파일 : 없음   ○ 완성파일 : 없음

1 내 블로그에서 '레이아웃·위젯 설정' 화면으로 들어와 봅니다.

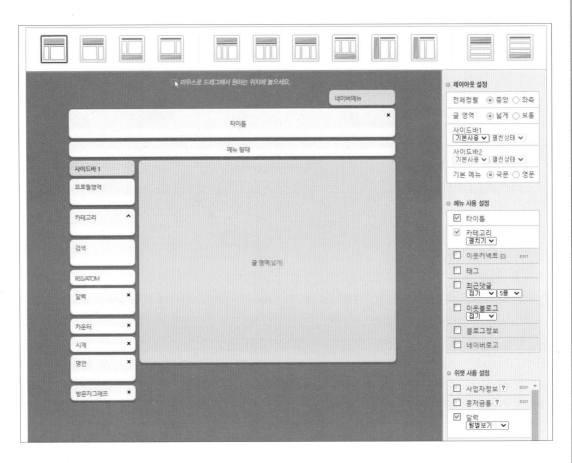

2 [위젯 사용 설정]에서 '명언'과 '방문자 그래프'의 설정을 해제해 봅니다.

MEMO

04 CHAPTER
리모콘 세부디자인 설정하기

✱ 이번 장에서는

네이버 블로그의 세부 디자인 설정 메뉴를 활용하여 내 블로그를 보다 섬세하게 꾸미는 방법을 배워보겠습니다.

▲ 블로그 메뉴 설정하기

▲ 위젯 설정하기

01 블로그 첫 화면에서 [내 메뉴]-[세부 디자인 설정]을 클릭합니다.

02 리모콘 [스킨배경]-[스타일]에서 아래 이미지 디자인을 클릭하여 적용하고 변경된 내용을 확인합니다.

01 [타이틀]을 클릭한 후 [블로그 제목]에서 '체크 표시', '글꼴(바른고딕)', '크기(50)', '타이틀 위치 (왼쪽 가운데)', '글꼴 색(흰색)'을 선택하여 배치하고 영역 높이는 '300'으로 입력합니다.

02 [디자인] 스타일에서 아래 이미지 디자인을 클릭하여 적용하고 변경된 내용을 확인합니다.

03 : 네이버 메뉴 설정하기

01 [네이버 메뉴]를 클릭한 후 [디자인] 목록에서 '디자인 목록(3번째 줄)'과 '내용색(파랑색 개열)'을 선택합니다.

04 : 블로그 메뉴 설정하기

01 [블로그 메뉴]를 클릭한 후 '1번째 줄' 디자인을 클릭하여 적용하고 변경된 내용을 확인합니다.

01 [전체 박스]–[스타일]에서 아래 이미지 디자인을 클릭하여 적용하고 변경된 내용을 확인합니다.

02 [구성 박스]–[스타일]에서 아래 이미지 디자인을 클릭하여 적용하고 변경된 내용을 확인합니다.

03 [그룹 박스]–[스타일]에서 아래 이미지 디자인을 클릭하여 적용하고 변경된 내용을 확인합니다.

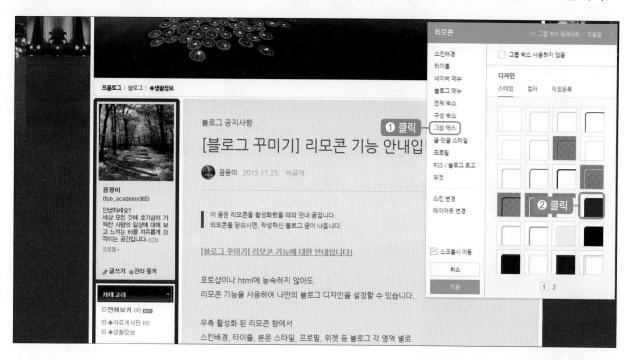

06 : 글, 댓글 스타일 설정하기

01 [글, 댓글 스타일]–[스타일]에서 아래 이미지 디자인을 클릭하여 적용하고 변경된 내용을 확인합니다.

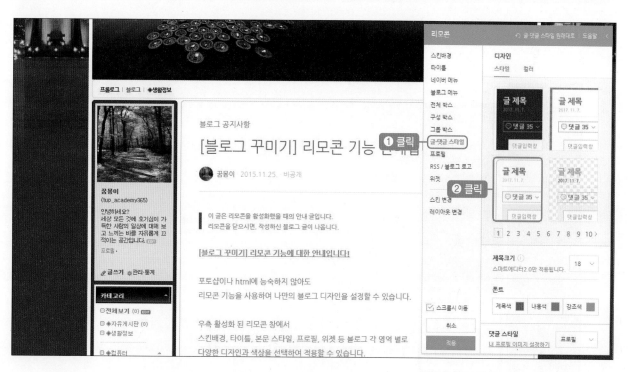

07 : 프로필 스타일 설정하기

01 [프로필]을 클릭한 후 디자인 [스타일]에서 아래 이미지 디자인을 클릭하여 적용하고 변경된 내용을 확인합니다.

08 : RSS / 블로그 로고 설정하기

01 [RSS / 블로그 로고]를 클릭한 후 '3번째 줄' 디자인을 클릭하여 적용하고 변경된 내용을 확인합니다.

01 [위젯]-[시계]를 선택한 후 아래 이미지 디자인을 클릭하여 적용하고 변경된 내용을 확인합니다.

02 [위젯]-[달력]를 선택한 후 아래 이미지 디자인을 클릭하여 적용하고 변경된 내용을 확인합니다.

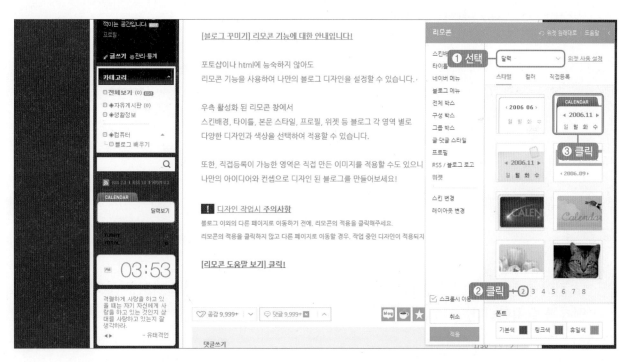

03 [위젯]–[카운터]를 선택한 후 아래 이미지 디자인을 클릭하여 적용하고 변경된 내용을 확인합니다. 이어서, 모든 세부 디자인 설정이 끝났으면 〈적용〉 단추를 클릭합니다.

04 '세부 디자인 적용' 창이 나타나면 '내가 만든 스킨에 저장합니다.'를 선택하고, 스킨제목을 '스킨1'로 입력한 후 〈적용〉 단추를 클릭합니다.

05 '스킨이 저장되었습니다. [내가 만든 스킨]페이지에서 확인하시겠습니까?' 창이 나타나면 〈확인〉 단추를 클릭합니다.

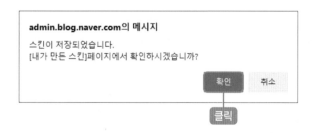

06 [내 스킨 관리] 화면이 나타나면 생성된 스킨 목록에서 [미리보기]를 클릭합니다.

07 마우스를 아래로 드래그하여 내가 설정한 세부 디자인 항목들이 적용된 것을 확인한 후 〈바로 적용〉 단추를 클릭합니다.

활용마당

◀ **예제파일** : 없음   ◀ **완성파일** : 없음

1 [타이틀]의 영역 높이를 '400'으로 바꾸어 봅니다.

2 [시계] 위젯을 아래 이미지 디자인으로 바꾸어 봅니다.

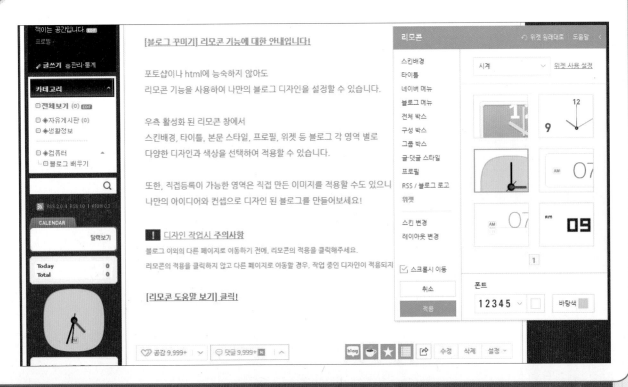

MEMO

05 CHAPTER 블로그 타이틀 만들기

🔘 예제파일 : s—03.jpg 🔘 완성파일 : 타이틀_완성.jpg

✖ 이번 장에서는

내가 원하는 모양으로 블로그 타이틀을 만들어 내 블로그에 적용시키는 방법을 배우도록 하겠습니다.

▲ 포토스케이프로 타이틀 만들기

▲ 타이틀 등록하기

01 포토스케이프를 실행하여 [사진편집]을 클릭합니다.

02 아래 도구 메뉴에서 [메뉴]-[새 사진 만들기]를 클릭합니다.

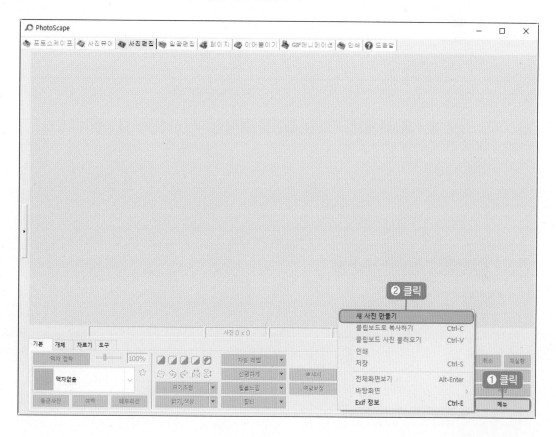

03 [새 사진 만들기] 대화상자가 나타나면 가로 '966'(픽셀), 세로 '300'(픽셀)를 설정한 후 〈확인〉 단
추를 클릭합니다.

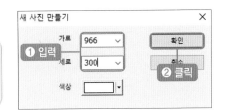

TIP

네이버 블로그 타이틀은 가로 '966'(픽셀) 세로는 '50~600'
(픽셀) 사이에서 크기를 정할 수 있습니다.

04 화면 중앙에 가로 '966'(픽셀), 세로 '300'(픽셀)의 캔버스가 생성되었습니다.

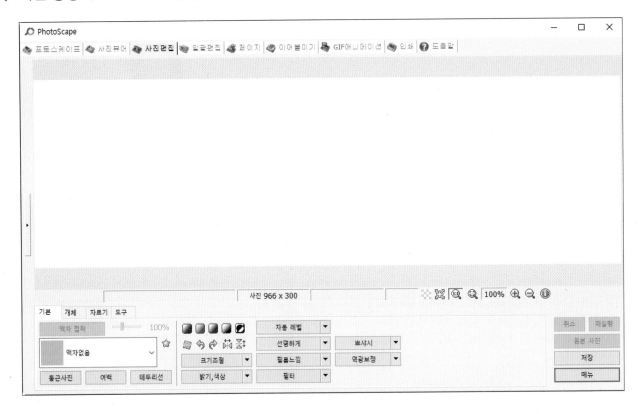

05 아래 도구 메뉴에서 [개체]-[그림(🖼)]을 클릭한 후 [사진]을 클릭합니다.

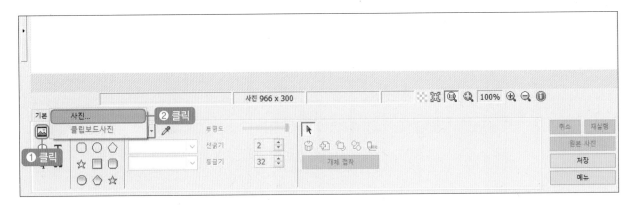

06 [열기] 대화상자가 나타나면 [예제파일]–[5강]–'s-03.jpg' 파일을 선택하고 〈열기〉 단추를 클릭합니다.

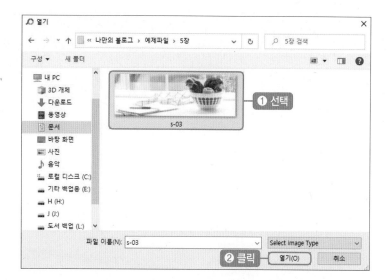

07 [사진] 대화상자가 나타나면 배치기준을 '중앙'으로 선택하고 〈확인〉 단추를 클릭합니다.

08 '사진 조절점(□)'을 이용하여 캔버스 크기에 맞춥니다.

09 사진이 캔버스에 맞추어지면 '글(⊤)'을 클릭합니다.

10 [글] 대화상자가 나타나면 블로그 '타이틀 명(꿈자람하우스)', '글꼴(휴먼엑스포)', '크기(60)', '색상 (Light blue)'을 선택한 후 〈확인〉 단추를 클릭합니다.

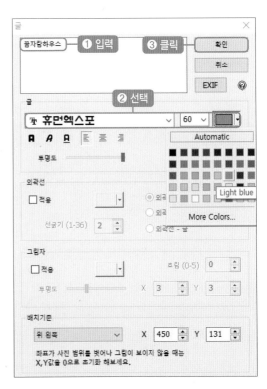

11 타이틀 명을 마우스로 드래그하여 적당한 위치에 배치시킨 후 아래 도구 메뉴에서 〈저장〉을 클릭합니다.

12 [저장] 대화상자가 나타나면 〈다른 이름으로 저장〉 단추를 클릭합니다.

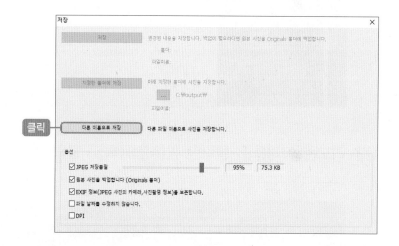

13 [다른 이름으로 저장] 대화상자가 나타나면 저장할 위치를 선택한 후, 파일이름에 '타이틀'이라고 입력하고 〈저장〉 단추를 클릭합니다.

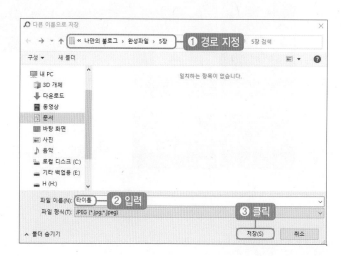

02 : 타이틀 등록하기

이번에는 완성된 타이틀 이미지를 내 블로그에 적용시키는 방법을 배워보겠습니다.

01 블로그 첫 화면에서 [내 메뉴]-[세부 디자인 설정]을 클릭합니다.

02 리모콘 [타이틀]을 클릭한 후 [직접등록]을 클릭합니다. 이어서, 〈파일 등록〉 단추를 클릭합니다.

03 [열기] 대화상자가 나타나면 미리 만들어 저장해 둔 '타이틀.jpg'를 선택하고 〈열기〉 단추를 클릭합니다.

TIP

브라우저에 따라 [열기] 또는 [업로드할 파일 선택] 대화상자가 나타납니다. 방법은 동일합니다.

04 블로그 제목에 있는 '표시(☑ 표시)'를 클릭하여 체크를 해제합니다.

TIP

표시(☑ 표시)에 체크가 되어 있으면 타이틀 글자가 겹쳐 보입니다.

05 겹쳐보이던 기존의 타이틀 명이 사라진 것을 확인합니다.

06 블로그 타이틀 배경을 바꾸기 위해 리모콘 [스킨배경]-[스타일]에서 아래 이미지 디자인을 선택하고 〈적용〉 단추를 클릭합니다.

07 [세부 디자인 적용] 창이 나타나면 '내가 만든 스킨에 저장합니다'를 클릭합니다. 이어서, 스킨명을 '스킨2'로 입력하고 〈적용〉 단추를 클릭합니다.

08 [내 스킨 관리] 화면이 나타나면 생성된 스킨 목록에서 '스킨2'를 선택한 후 [미리보기]를 클릭합니다.

09 '스킨 미리보기'를 확인한 다음 〈바로 적용〉 단추를 클릭합니다.

10 내가 만든 타이틀이 블로그에 적용된 모습을 확인합니다.

⊙ **예제파일** : s-03.jpg   ⊙ **완성파일** : 활용마당_완성.jpg

1 [새 사진 만들기]를 클릭하여 가로 '1000'(픽셀), 세로 '450'(픽셀)의 크기로 사진을 만들어 저장해봅니다.

2 리모콘 [스킨배경]을 클릭하고 마음에 드는 스킨을 골라 〈적용〉 단추를 클릭해봅니다.

MEMO

06 CHAPTER 스마트 에디터 활용하기

예제파일 : s-04.jpg, 한자성어.hwp   완성파일 : 없음

✖ 이번 장에서는

네이버 블로그에 글을 쓰는 3가지 방법 중 첫 번째로 스마트 에디터 2.0으로 글을 쓰는 방법을 배워보도록 하겠습니다.

▲ 포토업로드로 사진 올리고 편집하기

▲ 태그달고 발행하기

01 내 블로그 첫 화면에서 '관리' 메뉴를 클릭합니다.

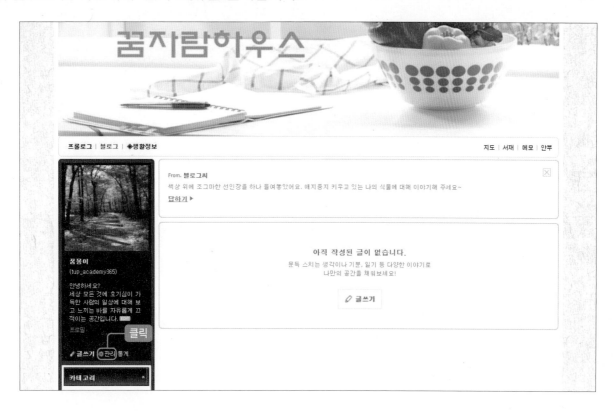

02 기본설정 [기본 정보 관리]에서 [기본 에디터 설정]을 클릭한 후 '스마트에디터 2.0'을 클릭하고 〈확인〉 단추를 클릭합니다.

03 '성공적으로 반영되었습니다' 창이 나타나면 〈확인〉 단추를 클릭합니다.

01 스마트 에디터 2.0의 화면구성을 살펴보겠습니다.

▲ 스마트 에디터 2.0은 [제목], [포스트], [옵션] 부분으로 구성되어 있습니다.

❶ **제목 :** 내가 쓰고자 하는 글의 카테고리와 제목을 작성할 수 있는 곳 입니다.

❷ **포스트** : 글의 본문을 작성하는 곳으로 여러 가지 글쓰기 도구들로 구성되어 있습니다.
　　　　이 글쓰기 도구들을 활용하여 본문 내용을 보다 다양하게 꾸밀 수도 있고 효과적으로 표현
　　　　할 수 있습니다.

❸ **옵션** : 본문 작성 후 주제분류, 태그달기, 여러 가지 설정정보 설정, 등록시간등을 설정할 수 있는 곳
　　　　입니다.

01 내 블로그 첫 화면에서 포스트 영역에 '글쓰기(✎ 글쓰기)'를 클릭합니다.

02 '스마트 에디터 2.0'이 실행되면 '카테고리 설정(자유게시판)', '제목(결초보은 뜻)'을 입력한 후 '본문내용(풀을 묶어서 은혜를 보답한다는 뜻으로 죽어서까지 잊지 않고 은혜를 갚는다는 뜻)'을 작성합니다.

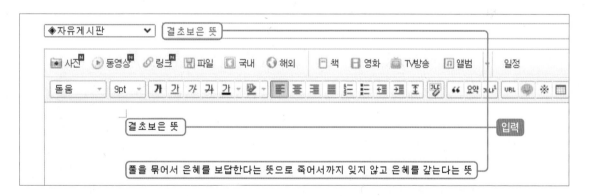

03 글자크기를 바꾸기 위해 본문에 쓴 글을 블록 지정하고 크기는 '14'pt로 설정합니다.

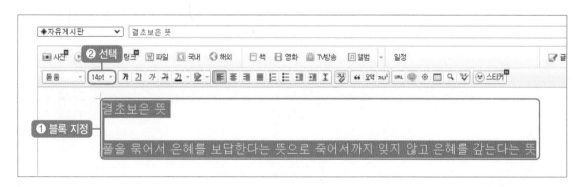

04 제목을 강조하기 위해 제목을 블록 지정하고 '크기(18)pt'로 변경한 후 '배경색(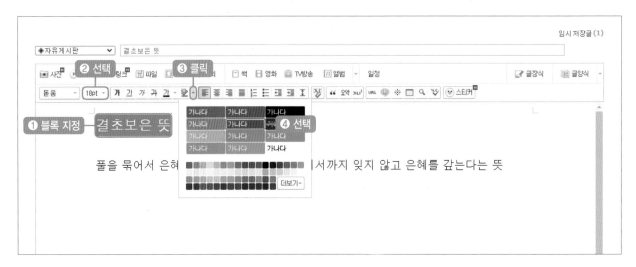)'의 옵션 단추 (▼)를 클릭하여 배경색을 '파랑색'으로 선택합니다.

05 본문 내용 밑에 사진을 넣기 위해 본문 내용 마지막 글자 뒤에 커서를 놓고 **Enter** 키를 두 번 누릅니다.

01 글쓰기 도구에서 '사진(사진)'을 클릭한 후 [네이버 포토업로더] 창이 나타나면 '내 PC'를 클릭합니다.

02 [열기] 대화상자가 나타나면 [예제파일]–[6장]–'s–04.jpg' 파일을 선택한 뒤 〈열기〉 단추를 클릭합니다.

03 네이버 포토업로더 이미지 목록에 '사진'이 업로드가 완료되면 〈올리기(올리기)〉 단추를 클릭합니다.

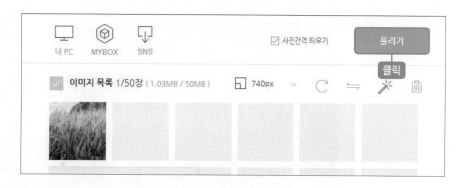

04 작성중인 에디터 창에 사진이 업로드 된 것을 확인한 후 사진을 클릭하고 [고급편집]을 클릭합니다.

05 오른쪽 편집 메뉴 중 '액자(▣)'을 클릭한 후 '낡은액자(◪)'를 클릭하고 〈완료〉 단추를 클릭합니다.

06 사진 밑에 글자를 입력하기 위해 '입력창 크기 조절(￬ 입력창 크기 조절)'을 마우스로 드래그하여 글쓰기 창을 늘립니다. 이어서, 내용을 '또 다른 사자성어들을 첨부파일로 올리겠습니다.' 라고 입력합니다.

05 : 첨부파일 올리기

01 글쓰기 도구에서 '파일(📄)'를 클릭합니다. [파일 올리기] 창이 나타나면 [파일추가]–[내 컴퓨터]를 클릭합니다.

02 [열기] 대화상자가 나타나면 [예제파일]–[6장]–'한자성어.hwp'를 선택하고 〈열기〉 단추를 클릭합니다. 이어서, 파일추가가 완료되면 〈확인〉 단추를 클릭합니다.

06 : 태그달고 발행하기

01 옵션 항목에서 '주제분류(일상·생각)', '태그달기(#사자성어, #결초보은)'을 설정한 후 〈확인〉 단추를 클릭합니다.

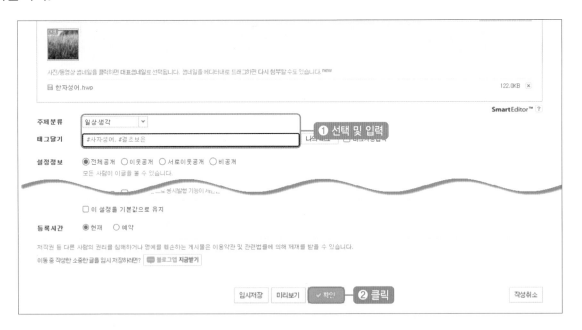

TIP

태그 달기에 ','을 입력하거나 Space Bar 키를 누르면 자동으로 한 칸이 띄어지면서 '#'이 자동으로 생깁니다.

02 블로그에 글이 등록된 것을 확인합니다.

활용마당

⊙ **예제파일** : s-05.jpg　　⊙ **완성파일** : 없음

1 내 블로그에 쓰고 싶은 글을 자유롭게 작성해 봅니다.

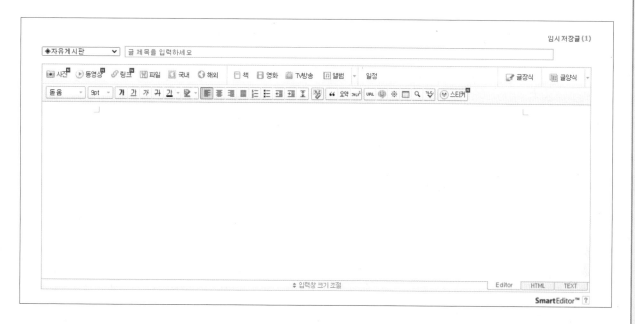

2 [예제파일]-[6장]-'s-05.jpg'를 이용하여 본문에 사진을 넣고 글을 완성하여 내 블로그에 올려 봅니다.

스마트 에디터 ONE으로 글쓰기

CHAPTER 07

⊙ **예제파일** : [7장 사진] 폴더, 문경새재.mp4　　⊙ **완성파일** : 없음

✖ 이번 장에서는

네이버 블로그에 글을 쓰는 방법 3가지 중 두 번째로 스마트 에디터 ONE를 활용하여 글쓰기를 하는 방법을 배워보겠습니다.

▲ 본문에 지도 넣기

▲ 본문에 동영상 삽입하기

01 내 블로그 첫 화면에서 '관리' 메뉴를 클릭합니다. 이어서, [기본 설정]−[기본 에디터 설정]을 클릭한 후 '스마트에디터 ONE'을 클릭하고 ⟨확인⟩ 단추를 클릭합니다.

02 '성공적으로 반영되었습니다' 창이 나타나면 ⟨확인⟩ 단추를 클릭한 후 오른쪽 상단 [내 블로그]를 클릭합니다.

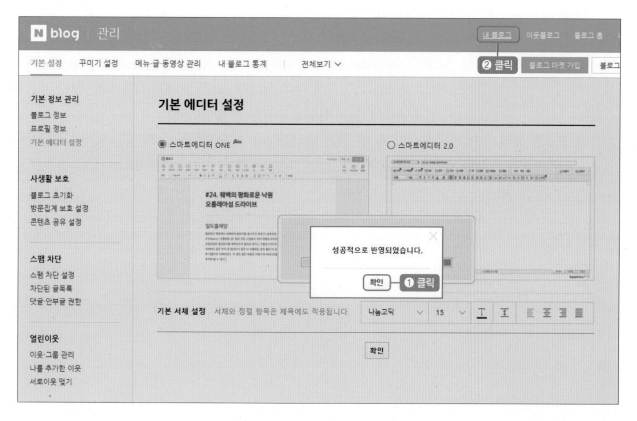

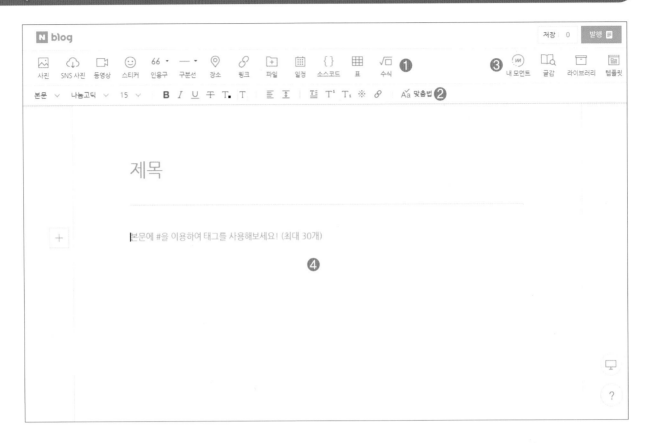

① **기본 도구막대** : 문서를 작성하고 꾸밀 수 있는 사진, 동영상, 스티커, 인용구 등 다양한 기능이 모여
있는 도구막대입니다. 기본 도구 막대의 각 기능단추를 클릭하면 작성 중이던 글의
첨부되어 있던 요소를 편집하거나, 새롭게 추가할 수 있는 창이 열립니다.

② **속성 도구막대** : 문서에 입력한 텍스트, 사진, 동영상 등의 서식이나 옵션을 편집할 수 있는 기능을
모아놓은 도구막대입니다.

③ **사이드 패널** : 검색, 스티커, 라이브러리, 템플릿 기능이 모여 있는 곳입니다. 우측 패널 창은 글 작성
중에도 항상 열어둘 수 있으며, 우측 패널에 노출되는 항목들은 모두 클릭이나 드래그
& 드롭으로 문서의 원하는 위치에 첨부할 수 있습니다.

④ **포스트 영역** : 제목과 글을 작성할 수 있는 영역입니다. 왼쪽에 있는 더하기(⊞) 아이콘을 클릭하면
사진, 스티커, 구분선, 인용구등이 나타나 본문의 내용을 편집할 수 있습니다.

01 블로그 첫 화면에서 '글쓰기(글쓰기)'를 클릭합니다.

02 제목을 클릭하여 '문경새재 드라마 촬영장 이모저모'를 입력합니다.

TIP

내용에 글씨를 입력하고, 맞춤법 검사로 틀린 부분이 있는지 확인할 수 있습니다.

03 분문을 클릭하고 '#문경새재 드라마 촬영장 이모저모입니다.'를 입력한 후 블록을 지정합니다. 이어서, '글꼴 크기(24)'를 선택합니다.

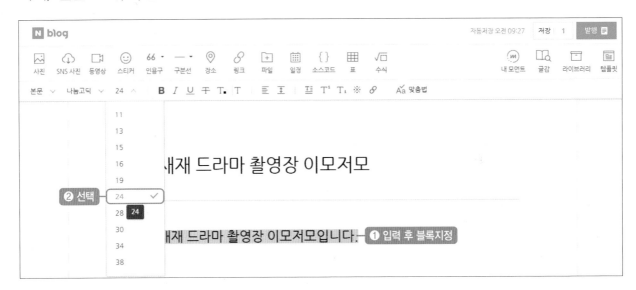

> **TIP**
>
> 태그는 '꼬리'라는 뜻으로 검색할 때 사용하는 단어, 또는 키워드를 의미합니다. 태그를 달게 되면 검색에 내 글이 노출될 확률이 높아 방문자 수를 늘릴 수 있습니다.

04 **Enter** 키를 두 번 눌러 '사진모음입니다.'를 입력한 후 블록 지정하여 '글꼴 크기(19)'를 선택하고 **Enter** 키를 두 번 눌러 문단을 바꾸어 줍니다.

01 글쓰기 창에 '더하기(⊞)'를 클릭한 후 '사진(🖼)'을 클릭합니다.

02 [열기] 대화상자가 나타나면 [예제파일]–[7장]–[7장 사진] 폴더에서 's–06.jpg' 파일을 클릭한 후 **Shift** 키를 누른 채 's–20.jpg' 파일를 클릭하고 〈열기〉 단추를 클릭합니다.

03 '사진 첨부 방식' 창이 나타나면 [개별사진]을 클릭하여 본문에 삽입합니다.

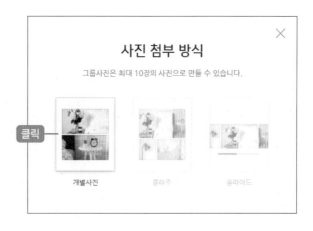

04 작업창에 '개별사진' 방식으로 사진이 삽입된 것을 확인합니다.

05 같은 방법으로 [예제파일]–[7장]–[7장 사진] 폴더에서 's–13.jpg' 파일부터 's–16.jpg' 파일까지 선택한 후 '콜라주' 방식으로 본문에 삽입합니다.

06 같은 방법으로 [예제파일]–[7장]–[7장 사진] 폴더에서 's–13.jpg' 파일부터 's–16.jpg' 파일까지 선택한 다음 '슬라이드' 방식으로 본문에 삽입합니다.

01 사진을 삽입한 후 내용에 '위치 알아보기'를 입력하고 Enter 키를 두 번 누릅니다. 이어서, [도구 막대]-[장소(⊙)]를 클릭합니다.

02 [지도 검색] 창이 나타나면 '검색창(Q)'에 '드라마[태조왕건문경]촬영지'를 입력하고 Enter 키를 누릅니다. 이어서, 목록에서 〈추가(+추가)〉 단추를 클릭하고 〈확인〉 단추를 클릭합니다.

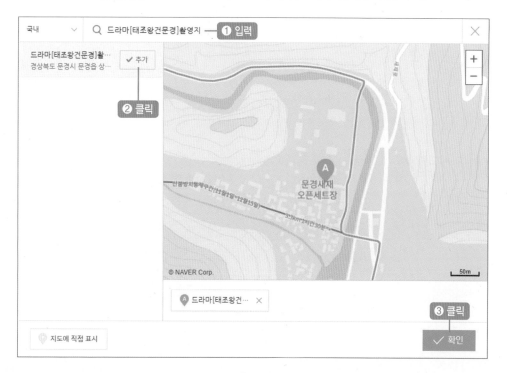

TIP

사진 속에 다른 장소도 추가하고 싶으면 다른 장소를 클릭하고 추가를 눌러주면 태그가 생성되면서 사진 속에 [바로가기]가 추가 됩니다.

01 [도구 막대]-[스티커(☺)]를 클릭하고 오른쪽 스티커 목록에서 마음에 드는 스티커를 클릭합니다.

02 본문에 삽인된 스티커를 클릭하고 [정렬(≡)]을 한 번 클릭하여 스티커를 가운데 정렬합니다.

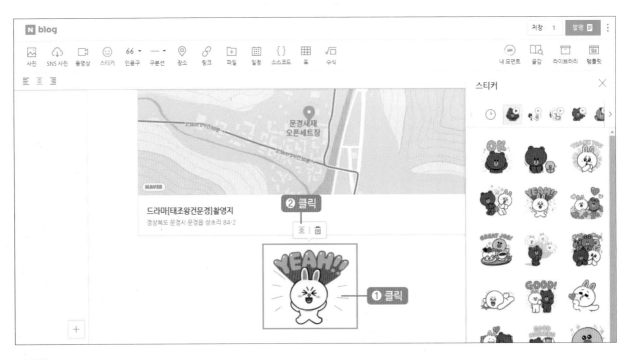

TIP

스티커를 클릭하면 '정렬'과 '삭제'를 할 수 있습니다. '정렬' 아이콘을 클릭 할 때마다 '왼쪽-가운데-오른쪽' 정렬이 반복 됩니다.

07 : 본문에 동영상 삽입하기

01 [도구 막대]–[동영상(🎥)]을 클릭합니다. 이어서, [동영상] 창이 나타나면 [일반 동영상]을 클릭하고 〈동영상 추가(⊞)〉 단추를 클릭합니다.

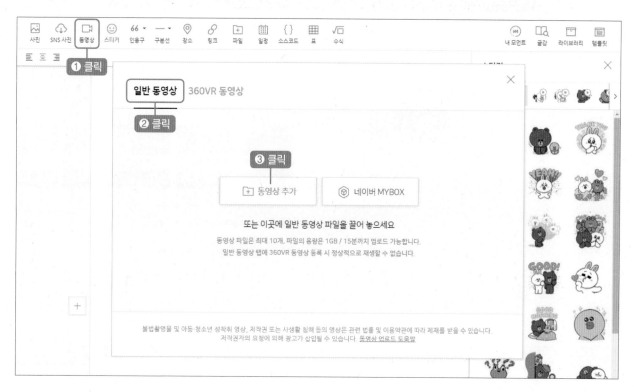

02 [열기] 대화상자가 나타나면 [예제파일]–[7장]–'문경새재.mp4' 파일을 클릭하고 〈열기〉 단추를 클릭합니다.

03 [동영상 업로드] 대화상자가 나타나면 다음과 같이 입력한 후 대표 이미지로 사용할 사진을 클릭하고 〈완료〉 단추를 클릭합니다.

- 제목(문경새재 드라마 촬영장 이모저모)
- 정보(문경새재 드라마 촬영장에서 찍은 사진 모음입니다.)
- 태그(문경새재드라마)

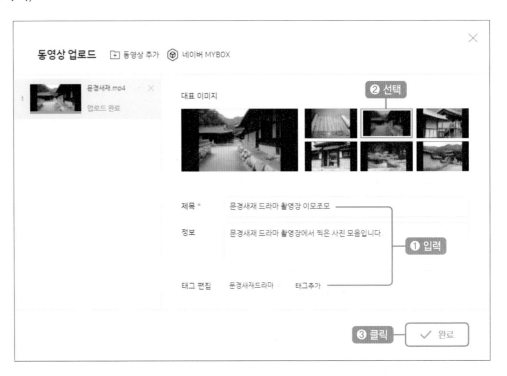

04 동영상이 삽입된 것을 확인합니다.

TIP
❶ 동영상을 클릭하면 [동영상 편집] 도구 막대가 나타납니다.
❷ : '정렬', '정보 편집', '작게', '문서 너비', '옆트임', '삭제'로 구성되어 있습니다.
❸ 동영상 설명은 '**동영상 설명을 입력하세요**'에 내용을 입력합니다.
❹ 작성하는 글에서 이 동영상을 제일 먼저 보여주고 싶으면 동영상 모서리에 있는 '대표(✓ 대표)'를 클릭합니다.

01 마지막 사진을 클릭하여 [사진 편집] 도구 막대에서 '사진 편집(✷)'을 클릭합니다.

02 오른쪽 메뉴중에서 [필터(⚅)]를 클릭하고 여러 필터 유형중에서 'Clear'를 클릭한 후 〈완료〉 단추를 클릭합니다.

TIP

필터 적용 전·후 비교하기

〈완료〉 단추를 클릭하기 전 사진을 누르고 있으면 원본 이미지를, 마우스에서 손을 떼면 필터 효과가 적용된 사진을 볼 수 있습니다.

01 오른쪽 아래 미리보기(▢)를 클릭하여 내가 작성한 글이 'PC 화면', '모바일 화면', '테블릿 화면'에서 어떻게 보이는지 확인합니다.

PC 화면 ▶

모바일 화면 ▶

테블릿 화면 ▶

02 맞춤법 검사를 위해 '사진모음입니다.'를 블록 지정하고 [속성] 도구 막대에서 '맞춤법(Aa)'을 클릭한 후 〈수정〉 단추를 클릭합니다.

03 '종료 메시지' 창이 나타나면 〈확인〉 단추를 클릭합니다.

blog.naver.com의 메시지
수정이 모두 끝났습니다. 맞춤법 검사를 종료하시겠습니까?

클릭 → 확인 | 취소

04 본문 내용을 확인하고 완료되었으면 〈발행〉 단추를 클릭하여 작성한 글을 블로그에 올립니다.

예제파일 : s-06.jpg, s-07.jpg   완성파일 : 없음

1 '글쓰기(✏글쓰기)'를 클릭하여 [예제파일]–[7장]–'s-06.jpg' 파일을 본문에 삽입하고 [사진 편집] 화면에서 [보정]을 클릭한 후 바네팅 효과를 '50'으로 설정하여 사진에 적용해 봅니다.

2 [예제파일]–[7장]–'s-07.jpg' 파일을 본문에 삽입하고 [사진 편집] 화면에서 [보정]을 클릭한 후 바네팅 효과를 '90'으로 설정하여 사진에 적용해 봅니다.

MEMO

08
CHAPTER
스마트폰으로 글쓰기

◐ 예제파일 : 없음　　◐ 완성파일 : 없음

✱ 이번 장에서는

스마트폰으로 블로그에 글을 올리는 방법을 배워보겠습니다. 현재 블로그 유입율을 보면 PC보다는 대부분 모바일 검색으로도 접근하고 있어 모바일 화면에 맞는 화면구성은 매우 중요하다고 할 수 있습니다.

01 스마트폰에 [네이버 블로그 앱] 설치하고 실행하기

01 스마트폰 'Play 스토어(▶)'를 터치한 후 '네이버 블로그앱'을 검색하여 [설치] 합니다. 이어서, 아래 그림을 참고하여 바탕화면에 빠른 실행 아이콘을 추가한 후 실행합니다.

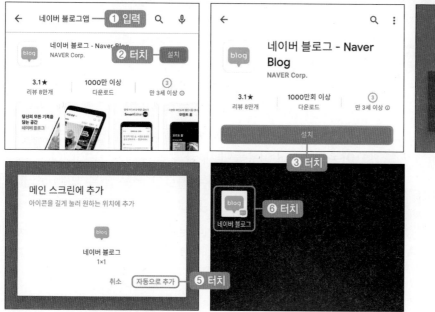

02 네이버 블로그 앱 화면구성

01 [이웃새글] 화면이 나타나면 오른쪽 아래 '내 블로그(👤)'를 터치합니다.

① **검색** : 현재 블로그에서 찾고 싶은 글을 검색하는 곳입니다.

② **MY** : 내 블로그의 모든 내용을 볼 수 있는 곳입니다.

③ **홈편집** : 커버 스타일, 블로그 제목, 프로필 변경 등을 편집할 수 있는 곳입니다.

④ **카테고리** : 블로그의 카테고리 내용을 볼 수 있고 편집할 수 있는 곳입니다.

⑤ **안부글** : 내 블로그 방문자가 이웃이 댓글 형태로 인사글을 남길 수 있는 곳입니다.

⑥ **이웃목록** : 내 블로그 이웃 현황을 볼 수 있는 곳입니다. 이웃의 수는 곧 구독자수로 표현됩니다.

⑦ **통계** : 내 블로그의 방문자수나 조회수를 볼 수 있는 곳입니다.

⑧ **이웃새글** : 내 이웃들의 새 글을 볼 수 있는 곳입니다.

⑨ **추천** : 네이버에서 추천하는 블로그 글을 볼 수 있는 곳입니다.

⑩ **글쓰기** : 글을 쓸 수 있는 곳입니다.

⑪ **내소식** : 이웃 신청 현황이나 공감, 댓글 등을 볼 수 있는 곳입니다.

⑫ **내블로그** : 어디에 있든 메인화면으로 오게 하는 기능을 제공하는 곳입니다.

---

03 **: 내 블로그에 있는 사진 스마트폰에 저장하기**

01 내 블로그에서 '문경새재 드라마 촬영장 이모저모'를 터치하고 마음에 드는 사진을 터치한 후 다운로드(↓)를 터치합니다.

02 이어서, [휴대폰에 저장]을 터치한 후 '저장 하시겠습니까?' 창이 나타나면 〈확인〉 단추를 터치합니다.

04 : 스마트폰으로 제목 및 본문 작성하기

01 메인 화면에서 '글쓰기(⬚)'를 터치한 후 [블로그 배우기·전체]를 터치합니다. 이어서, [발행 옵션] 화면으로 들어오면 설정을 확인하고 닫기(×)를 터치합니다.

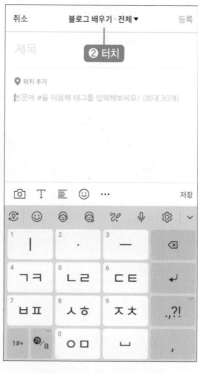

02 글쓰기 화면에서 제목을 '문경새재 드라마 촬영지'라고 입력하고 '그림()'을 터치합니다. 이어서, 제목으로 쓰고 싶은 사진을 골라 터치를 한 후 〈사진 편집〉 단추를 터치합니다.

---

05 ┊ 사진 편집하기

01 [사진 편집] 화면으로 들어오면 '필터(⚙)'을 터치한 후 [Tender] 필터를 터치하고 〈적용(✓)〉 단추를 터치합니다.

TIP

필터 외에 '자르기, 회전', '보정', '모자이크', '서명'을 적용할 수 있습니다.

01 [서명(ⓒ)]–[텍스트(✐)]를 터치합니다. 이어서, 자동으로 블로그 주소가 사진에 삽입되면 '색상 도구(😊)'를 터치한 후 글자색을 검은색으로 선택하여 글자색을 변경하고 〈적용(✓)〉 단추를 터치합니다.

02 서명의 위치를 마음에 드는 위치에 드래그하고 〈적용(✓)〉 단추를 터치한 후 〈완료〉 단추를 터치합니다.

07 : 본문 내용 작성 및 사진 추가하기

01 제목이 완성되면 본문에 아래 내용을 입력합니다. 사진을 추가하기 위해 '카메라(📷)'를 터치하고 원하는 사진를 선택한 후 〈첨부〉 단추를 터치합니다. 이어서, 사진이 추가되면 블로그에서 제일 먼저 보여주고 싶은 사진을 터치한 후 〈대표〉 단추를 터치합니다.

- 내용 : #문경새재 드라마 촬영장 이모저모를 스마트폰으로 올려봅니다.

08 : 위치 추가하고 발행하기

01 본문이 완성되면 '더보기(⋯)' 단추를 터치한 후 '장소(◎)'를 터치합니다.

TIP

사진을 삭제하는 방법

마음에 들지 않는 사진이 있는 경우 사진을 터치한 후 휴지통(🗑)을 터치하면 사진이 삭제됩니다.

02 [장소 첨부] 화면에서 '유형선택(국내)', '장소명(드라마(태조왕건문경)촬영지)'을 입력하고 돋보기( ) 단추를 터치합니다. 이어서, 표시하고 싶은 장소를 터치하면 지도와 함께 주소가 나타납니다.

03 모든 내용이 완료되면 〈등록〉 단추를 터치하여 블로그를 발행합니다.

TIP

내용 수정, 공유, 삭제 등은 게시글 설정 더보기( )에서 할 수 있습니다.

◀ **예제파일** : 없음   ◀ **완성파일** : 없음

1 마음에 드는 스티커를 본문에 삽입하고 오른쪽 정렬을 해 봅니다.

2 본문에 삭제했던 사진 중 마음에 드는 사진을 삽입하고 필터와 보정효과를 주고 수정 발행해 봅니다.

MEMO

◉ **예제파일** : s-14.jpg, s-21.jpg   ◉ **완성파일** : s-14_완성.jpg, s-21_완성.jpg

✖ 이번 장에서는

무료 사진 편집기인 포토스케이프를 활용하여 다양하게 사진을 편집하고 꾸며 블로그에 활용하는 방법을
배워보도록 하겠습니다.

▲ 사진에 액자 효과주기

▲ 사진에 아이콘 및 텍스트 효과주기

01 포토스케이프를 실행하여 [사진편집]을 클릭합니다.

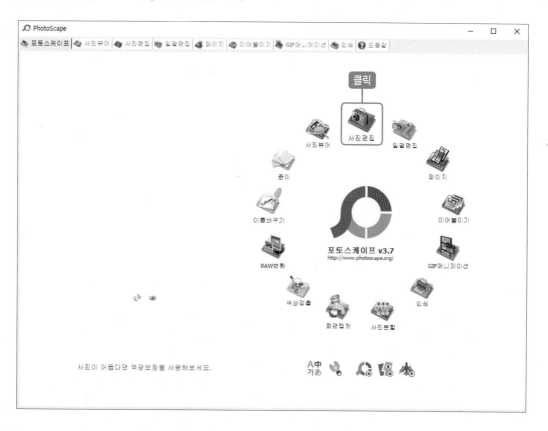

02 탐색기 작업 창에서 [예제파일]–[9장]–'s–21.jpg'를 클릭한 후 [크기조절]을 클릭합니다.

03 [크기조절] 대화상자가 나타나면 가로 크기를 '1400'(픽셀)을 입력한 후 〈확인〉 단추를 클릭합니다.

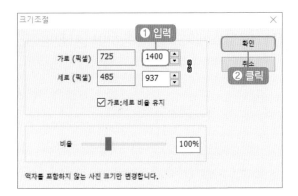

04 이미지 크기가 가로 '1400'(픽셀)로 맞추어 조절되면 〈저장〉 단추를 클릭합니다.

05 [저장] 대화상자가 나타나면 〈저장〉 단추를 클릭합니다.

　※ 다른 경로에 저장하려면 〈다른 이름으로 저장〉 단추를 클릭합니다.

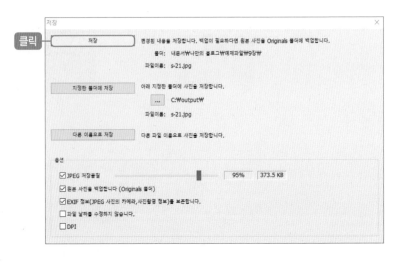

01 포토스케이프를 실행하여 탐색기 작업 창에서 [예제파일]–[9장]–'s–14.jpg'를 클릭합니다.

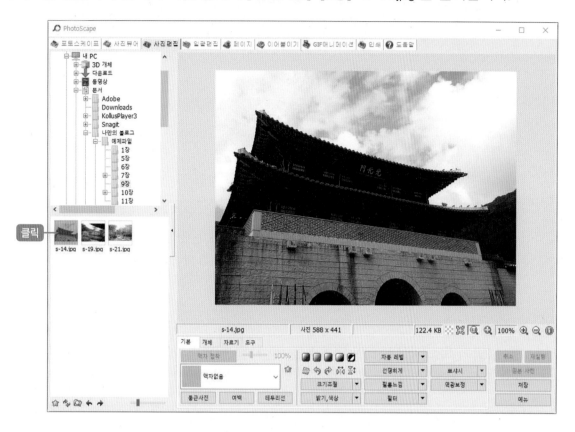

02 [밝기,색상]–[옵션(▼)] 단추를 클릭하여 '밝기 커브'를 클릭합니다.

03 [커브] 대화상자가 나타나면 마우스로 드래그하여 조정한 후 〈확인〉 단추를 클릭합니다.

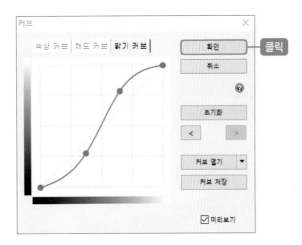

TIP

커브 대화상자는 사진의 '색상', '채도', '밝기'를 조절할 수 있는 기능으로 커브를 위쪽으로 드래그 하면 밝은 값, 아래쪽으로 드래그하면 어두운 값을 조절하게 됩니다. 밝기 커브는 밝은 부분과 어 두운 부분을 각각 드래그 하여 동시에 밝은 부분과 어두운 부분을 조절할 수 있습니다.

04 다시 [밝기,색상]–[옵션(▼)] 단추를 클릭한 후 '밝은면확대'를 클릭하여 보다 더 밝고 환한 사진 으로 만듭니다.

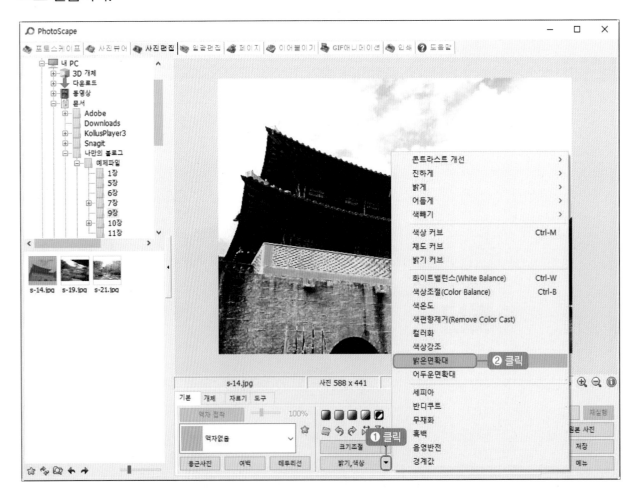

01 [필터]를 클릭하여 '비네팅' 효과를 클릭한 후 '#3'를 클릭합니다.

02 '비네팅' 효과가 적용 된 모습을 확인한 후, [Ctrl]+[Z]를 눌러 전단계로 되돌리기 합니다.

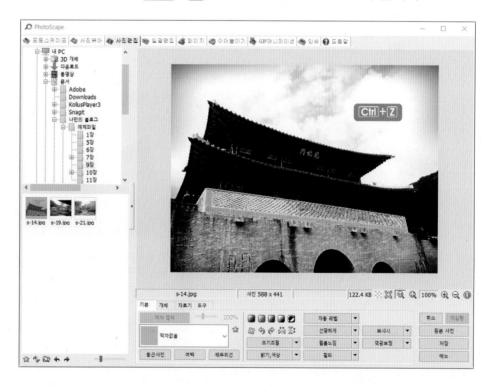

TIP

비네팅 효과란 사진의 외곽이나 모서리를 어둡게 표현하여 중앙 부분을 강조하거나 불필요한 배경 부분을 가릴 때 좋은 효과입니다.

03 다시 [필터]를 클릭하여 '오래된사진' 효과를 클릭한 후 [오래된 사진]의 여러 효과들을 살펴보고 '06'을 클릭합니다.

04 '오래된 사진' 효과가 적용 된 모습을 확인한 후, Ctrl + Z 를 눌러 전단계로 되돌리기 합니다.

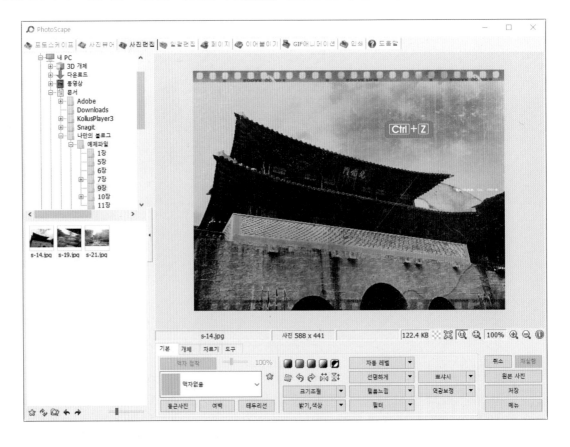

01 [기본]–[액자없음]을 클릭한 후 마우스를 아래로 드래그 하여 '여백 03'을 클릭합니다.

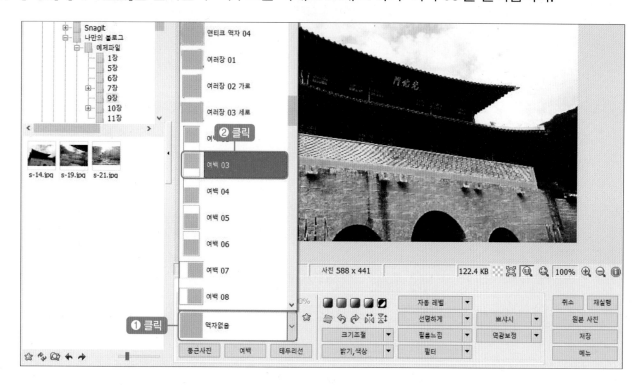

05 **사진에 아이콘 및 텍스트 효과주기**

01 [개체]–[아이콘(▨)]을 클릭합니다.

02 [아이콘] 대화상자가 나타나면 [여행]을 클릭하고 '카메라 모양'을 클릭한 후 〈확인〉 단추를 클릭합니다.

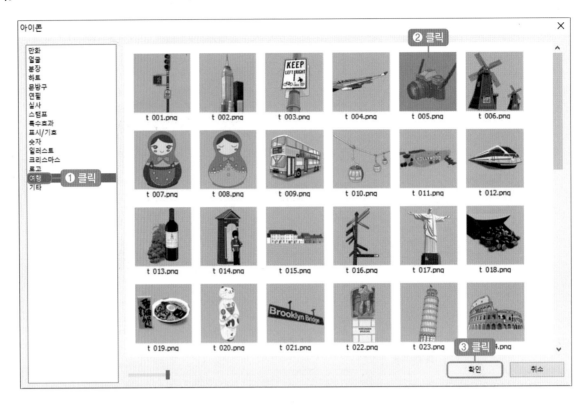

03 선택한 아이콘이 삽입되면 조절점()을 마우스로 드래그 하여 크기를 작게 줄이고 사진의 오른쪽 아래 여백에 위치 시킵니다.

04 [개체]–[말풍선(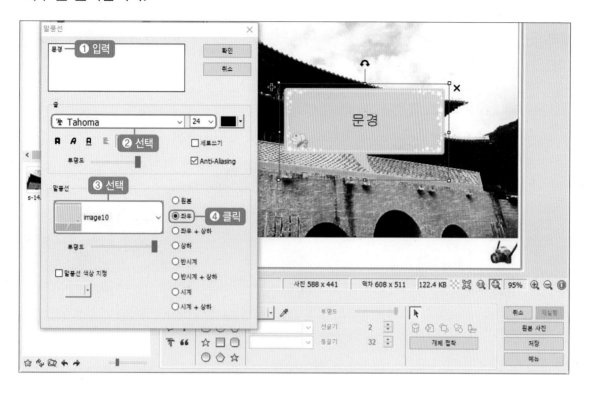)]을 클릭합니다. [말풍선] 대화상자가 나타나면 '문경'이라고 내용을 입력한 후 '글(Tahoma)', '크기(24)'. '말풍선모양(image10)'을 선택하고 말풍선 꼬리 방향을 바꾸기 위해 '좌우'를 클릭합니다.

05 이어서, 〈확인〉 단추을 클릭한 후 말풍선의 크기를 작게 조절하여 사진 왼쪽 아래로 드래그하여 위치시킵니다.

06 〈저장〉 단추를 클릭하여 편집한 사진을 저장합니다.

◀ **예제파일** : s-14.jpg, s-19.jpg   ◀ **완성파일** : 활용마당(1).jpg, 활용마당(2).jpg

1 [예제파일]-[9장]-'s-14.jpg' 파일을 불러와 [필터]-[페이드 스타일] 효과를 적용한 후 저장해봅니다.

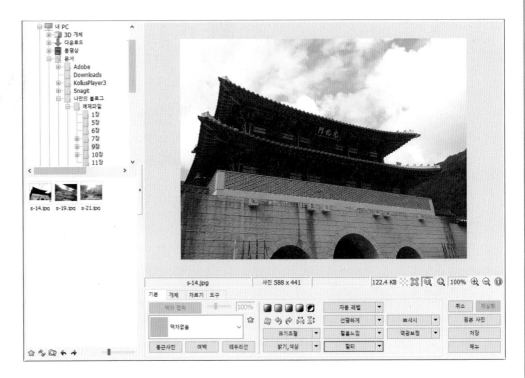

2 [예제파일]-[9장]-'s-19.jpg'파일을 불러와 [액자]-[여러장 02 가로] 효과를 적용한 후 저장해봅니다.

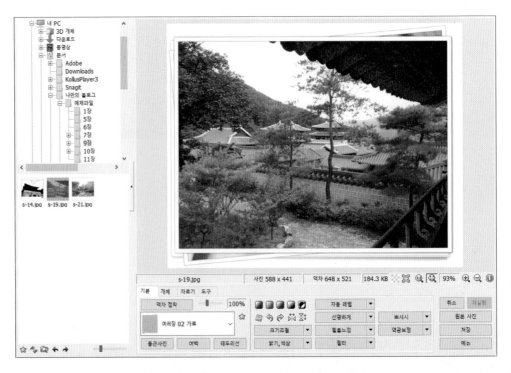

MEMO

◉ **예제파일** : s-06.jpg, s-09.jpg, s-18.jpg, s-19.jpg, s-20.jpg, s-25.jpg, 돌고래 폴더
◉ **완성파일** : s-25_완성.jpg, 돌고래_완성.gif, 필름_완성.jpg, 돌고래_완성 폴더

✖ 이번 장에서는

포토스케이프의 또 다른 기능을 활용하여 재미있는 사진과 GIF 이미지를 만드는 방법을 배워봅시다.

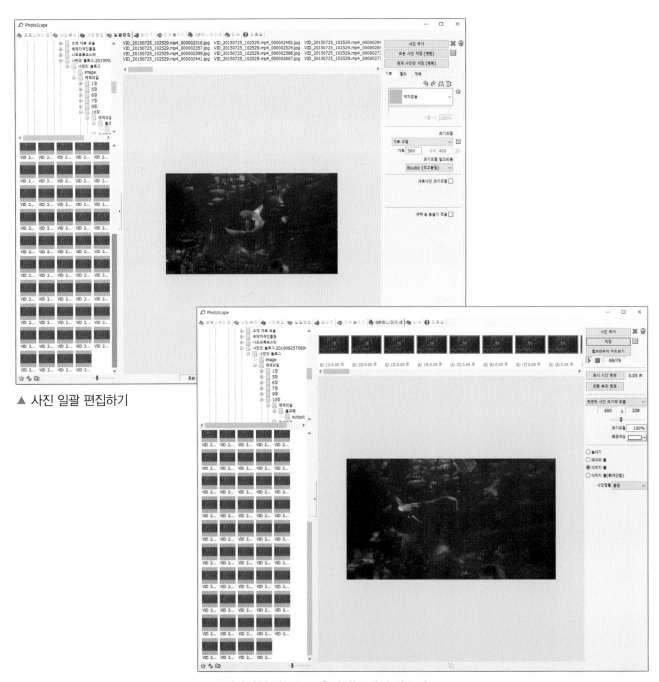

▲ 사진 일괄 편집하기

▲ 애니메이션 기능으로 움직이는 사진 만들기

01 포토스케이프를 실행하여 사진편집을 클릭합니다.

02 탐색기 작업 창에서 [예제파일]–[10장]–'s–25.jpg'를 클릭한 후 〈임의의 각도로 사진을 회전시킵니다(🖼)〉 단추를 클릭합니다.

03 [회전] 대화상자가 나타나면 [수평맞추기] 탭에서 '파란색 슬라이드' 막대를 움직여 비뚤어진 사진의 수평을 맞춘 후 〈확인〉 단추를 클릭합니다.

04 수평이 맞추어 졌는지 확인한 후 〈저장〉 단추를 클릭합니다. 이어서, [저장] 대화상자가 나타나면 〈다른 이름으로 저장〉 단추를 클릭합니다.

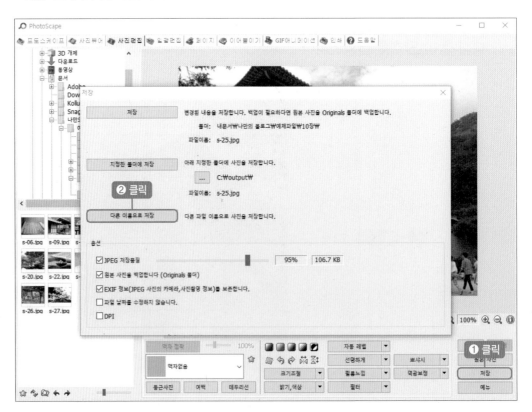

05 원하는 경로에 〈저장〉 단추를 눌러 저장합니다.

01 포토스케이프 [페이지] 탭을 클릭하고, 오른쪽 레이아웃 창에서 '2행 3열' 레이아웃을 클릭합니다.

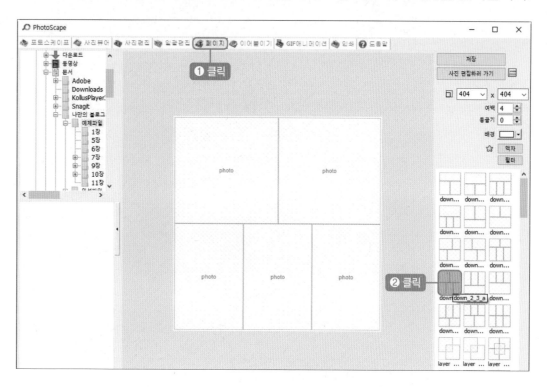

TIP

[페이지]탭은 한 장에 여러 장의 사진을 배치할 수 있는 기능입니다.

02 탐색기 작업 창에서 [예제파일]–[10장]–'s–09.jpg' 파일을 '1행 1열' 레이아웃에 드래그 합니다.

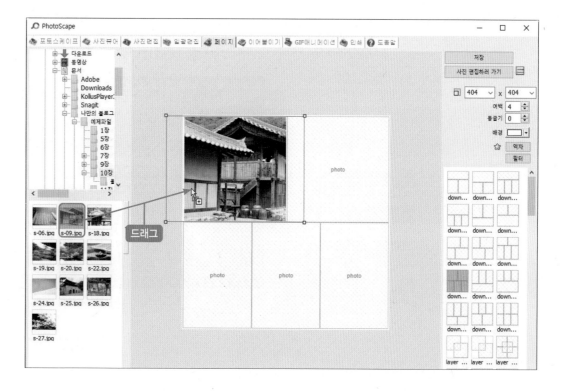

03 다른 레이아웃에도 아래와 같이 사진을 배치합니다.

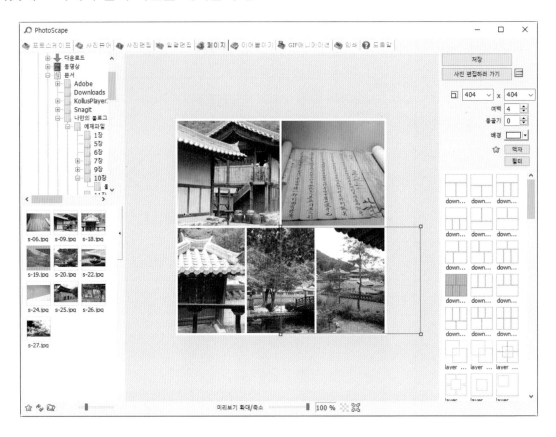

04 각각 사진을 클릭하고 오른쪽 레이아웃에서 〈액자〉 단추를 클릭합니다. 이어서, [액자지정] 대화
상자가 나타나면 마우스를 아래로 드래그 하여 '필름 01' 액자를 선택하고 〈확인〉 단추를 클릭합
니다.

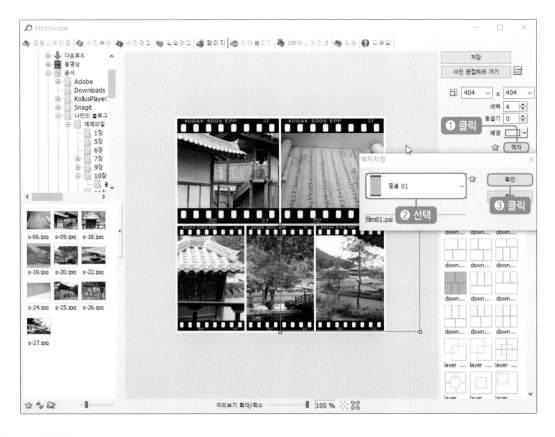

05 액자 지정이 모두 완료되었으면 각각 사진을 클릭한 후 오른쪽 레이아웃에서 〈필터〉 단추를 클릭합니다. 이어서, '비네팅 #1' 필터를 클릭합니다.

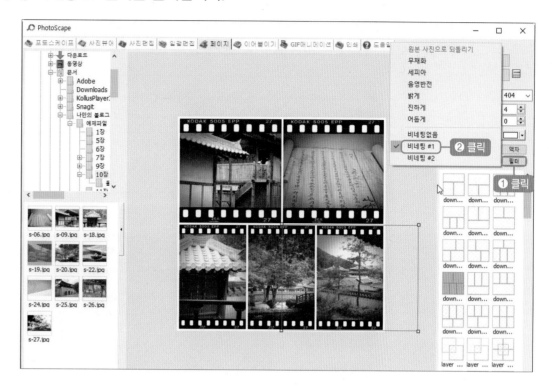

06 효과가 모두 적용되었는지 확인한 후 〈저장〉 단추를 클릭합니다. 이어서, [다른 이름으로 저장] 대화상자가 나타나면 원하는 경로에 파일이름을 '필름'으로 입력하고 〈저장〉 단추를 클릭합니다.

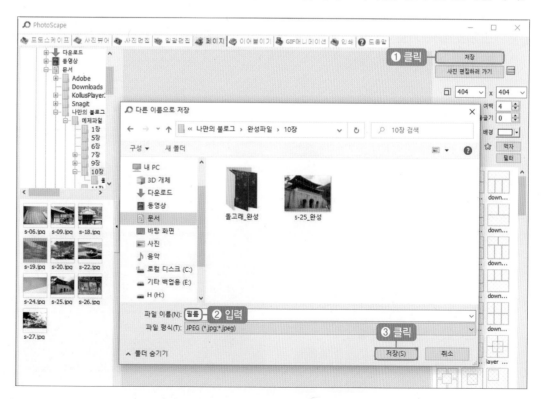

07 [JPEG 저장품질] 대화상자가 나타나면 〈확인〉 단추를 클릭합니다.

01 포토스케이프 [일괄편집] 탭을 클릭한 후 [예제파일]–[10장]–'돌고래' 폴더를 클릭합니다. 이어서, 폴더가 열리면 사진 파일을 Ctrl+A 키를 눌러 전체 선택한 후 작업창으로 드래그합니다.

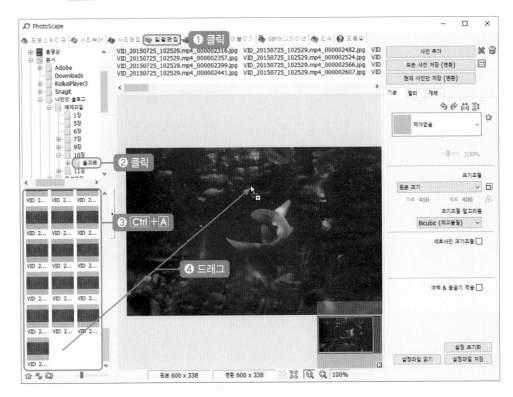

02 [크기조절]–'가로 조절'을 선택한 후 '가로크기(500)'를 입력하고 〈모든 사진 저장(변환)〉 단추를 클릭합니다.

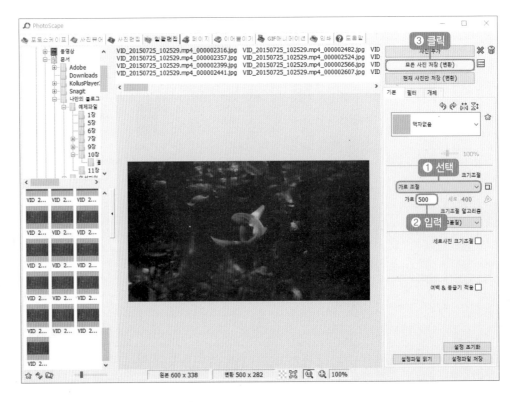

03 [저장(변환)하기] 대화상자가 나타나면 〈저장〉 단추를 클릭합니다.

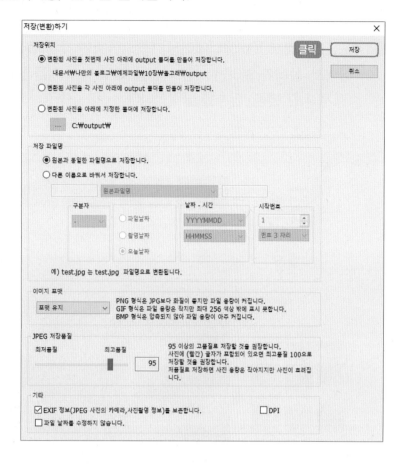

04 [Photoscape] 창이 나타나면 〈확인〉 단추를 클릭합니다.

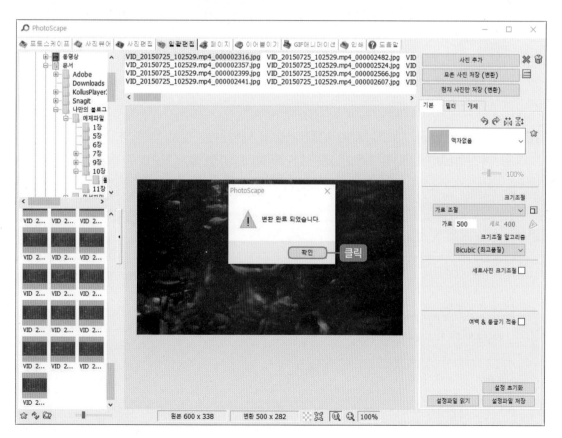

01 포토스케이프 [GIF애니메이션] 탭을 클릭한 후 [예제파일]–[10장]–'돌고래' 폴더를 클릭합니다. 이어서, 폴더가 열리면 사진 파일을 **Ctrl**+**A** 키를 눌러 전체 선택한 후 작업창으로 드래그하고 〈표시 시간 변경〉 단추를 클릭합니다.

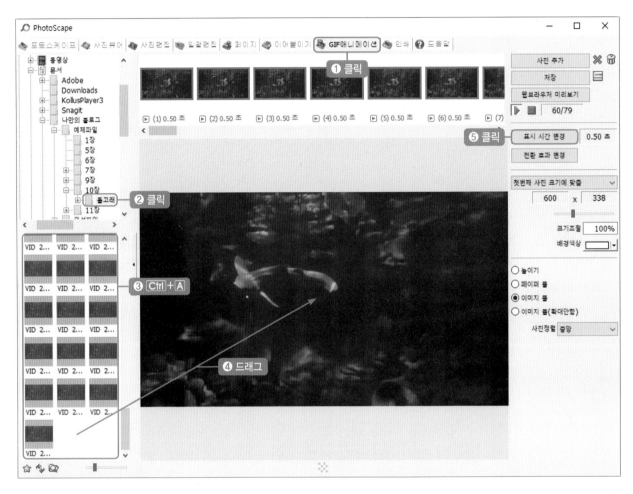

02 [표시 시간 변경] 대화상자가 나타나면 표시시간을 '5'로 입력하고 '모든 프레임의 표시시간을 일괄 변경합니다.' 옵션 단추가 체크되었는지 확인한 후 〈확인〉 단추를 클릭합니다.

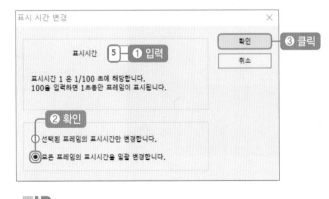

TIP

표시시간 1은 1/100초에 해당합니다. 100을 입력하면 1초 동안 프레임이 표시됩니다.

03 '애니메이션 시작(▶)'을 클릭하여 상어가 움직이는 모습을 살펴본 후 〈저장〉 단추를 클릭합니다.

04 [다른 이름으로 저장] 대화상자가 나타나면 원하는 경로를 지정하고 〈저장〉 단추를 클릭합니다.

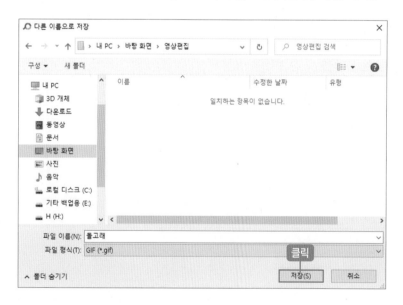

05 [Photoscape] 창이 나타나면 〈확인〉 단추를 클릭합니다.

TIP

파일 크기를 10MB이하로 작성해야 '블로그'나 '카페'에 올릴 수 있습니다.

활용마당

예제파일 : s-22.jpg, s-24.jpg, s-26.jpg, s-27.jpg   **완성파일** : 활용마당(1)_완성.jpg, 활용마당(2)_완성.jpg

1 [예제파일]-[10장]-'s-26.jpg' 파일을 불러와 사진의 수평을 맞추어 봅니다.

2 [예제파일]-[10장]-'s-22.jpg', 's-24.jpg', 's-27.jpg' 파일을 드래그하여 사진 3개가 들어간 레이아웃을 완성해봅니다.

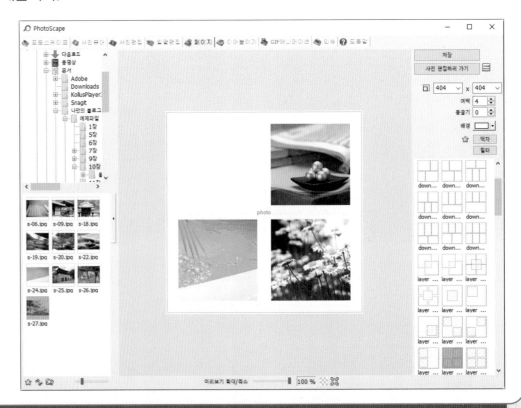

MEMO

CHAPTER 11

알씨로 동영상 만들기

● **예제파일** : [사진] 폴더, 문경새재.mp4   ● **완성파일** : 문경새재 오픈세트장_완성.mp4

✖ 이번 장에서는

알씨를 활용하여 간편하게 동영상을 만드는 방법을 배워봅니다.

알씨는 사진 편집부터 동영상 만들기, 사진 꾸미기 등 편리한 기능을 제공하는 프로그램입니다.

▲ 효과 설정하기

▲ 알씨로 만든 완성된 영상

01 네이버 검색 창에 '알씨 다운로드'를 입력하고 '돋보기(🔍)'를 클릭합니다.

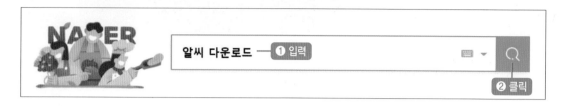

02 검색된 목록에서 다운로드 사이트를 찾아 클릭합니다.

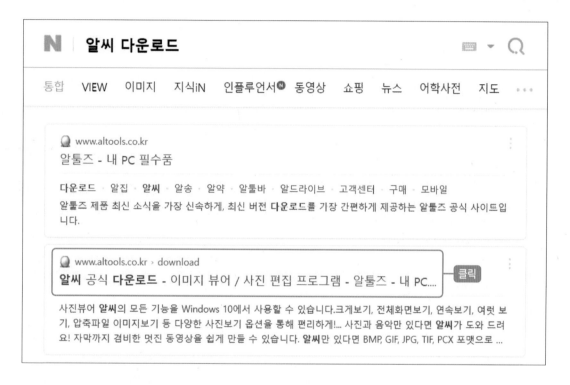

03 ALTools 설치 사이트가 나타나면 〈설치하기〉 단추를 클릭합니다.

04 다운로드가 완료되면 '파일 열기'를 클릭합니다.

05 [사용자 계정 컨트롤] 창이 나타나면 〈예〉 단추를 클릭합니다.

06 [라이선스 계약 동의] 창이 나타나면 〈동의(N)〉 단추를 클릭한 후 〈설치 시작(N)〉 단추를 클릭합니다.

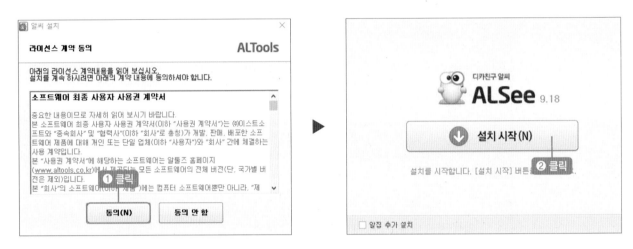

07 [설치 방법 선택] 창이 나타나면 제휴서비스에 체크를 모두 해제하고 〈빠른 설치(N)〉 단추를 클릭합니다.

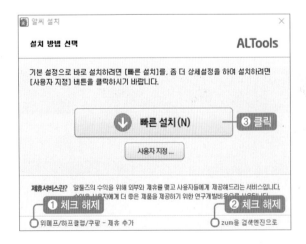

08 바탕화면에 '알씨 동영상 만들기' 바로가기 아이콘을 더블 클릭하여 프로그램을 실행합니다.

01 [알씨 동영상 만들기] 화면이 나타나면 〈사진추가(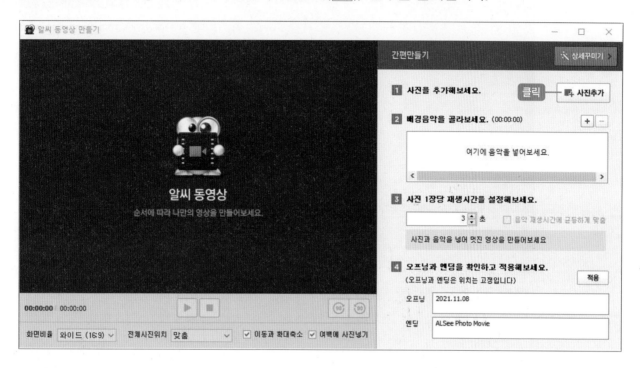)〉 단추를 클릭합니다.

02 [파일 열기] 대화상자가 나타나면 [예제파일]–[11장]–[사진] 폴더에서 's–06.jpg' 파일부터 's–20. jpg' 파일까지 선택한 다음 〈열기〉 단추를 클릭합니다.

03 타임라인에 사진이 추가되면 '화면비율(16:9)', '전체사진위치(채우기)'를 선택합니다.

04 배경 음악을 삽입하기 위해 '배경음악을 골라보세요' 〈추가(+)〉 단추를 클릭하여 [예제파일]–[11 장]–'문경새재.mp4' 파일을 삽입한 후 사진 1장당 재생시간은 '5초'로 입력합니다.

01 '오프닝(문경새재 오픈 세트장입니다.)', '엔딩(시청해주셔서 감사합니다.)' 텍스트를 입력하고 〈적용〉 단추를 클릭하여 타임라인에 오프닝과 엔딩 프레임을 추가합니다.

04 : **자막 넣기**

01 타임라인에서 두 번째 프레임을 선택하고 〈상세꾸미기(🔍 상세꾸미기 〉)〉 단추를 클릭합니다. [자막] 탭 화면이 나타나면 자막 창에 텍스트를 입력하고 '글꼴(나눔고딕 ExtraBold)', '글꼴크기(36)', '글꼴속성(진하게)', '위치(가운데 아래)'를 선택합니다.

※ 자막 내용 : 지난 주말 아주 즐거운 가족 여행을 다녀왔습니다. 바로 문경 드라마 오픈 세트장입니다.

02 이어서, '효과(클래식)', '색상(Blue(파랑))'으로 선택한 후 '투명도'는 슬라이드를 조절하여 배경색을 약간 투명하게 해줍니다.

03 프레임 배치를 이동하기 위해 3번째 프레임을 마우스를 드래그하여 4번째 프레임 뒤로 이동합니다.

05 디자인 효과 주기

01 [디자인] 탭을 클릭하고 '배경(디자인배경)'을 선택한 후 오프닝과 엔딩 프레임에 아래 이미지와 같은 [배경]효과를 클릭합니다.

06 효과 설정하기

01 [효과] 탭을 클릭하고 오프닝 프레임에 전환 효과는 '겹치기', 시네마틱 효과는 아래 이미지를 클릭합니다.

TIP

'전환'은 프레임에서 프레임으로 넘어갈 때 적용되는 효과이고, '시네마틱'은 한 프레임 전체에 적용되는 효과입니다.

02 엔딩 프레임에도 오프닝 프레임과 같은 효과를 적용합니다.

03 2번째 프레임을 클릭하고 **Shift** 키를 누른채 16번째 프레임을 클릭하여 선택한 후 전환 효과를 '겹치기'를 클릭하여 적용합니다.

04 전체 프레임을 선택한 후 [디자인] 탭에서 마음에 드는 액자 효과를 추가로 선택하고 〈전체적용〉 단추를 클릭합니다.

※ 전체 프레임을 살펴보고 마음에 드는 디자인이나 효과를 추가로 설정하도록 합니다.

05 전체적용 후 오프닝과 엔딩 프레임에 액자 효과가 적용된 것을 확인한 후 〈만들기〉 단추를 클릭합니다.

네이버 블로그 · **131**

01 [만들기] 창이 나타나면 '이름(문경새재 오픈세트장)'을 입력하고 〈변경하기〉 단추를 클릭합니다. 이어서, [다른 이름으로 저장] 대화상자가 나타나면 저장할 경로를 지정하고 〈저장〉 단추를 클릭한 후 '용도(PC & TV용)'를 선택하고 〈만들기〉 단추를 클릭합니다.

02 [만들기] 창이 나타나면 〈동영상열기〉 단추를 클릭합니다.

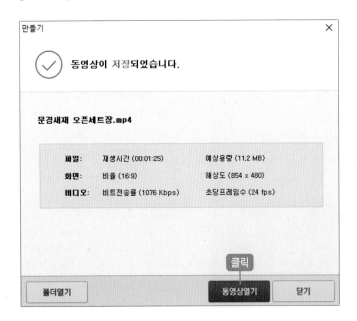

03 동영상이 실행되면 완성된 영상을 확인합니다.

활용마당

◉ 예제파일 : [사진] 폴더　◉ 완성파일 : 없음

1 [예제파일]-[11장]-[사진] 폴더에서 's-21.jpg' 파일 부터 's-27.jpg' 파일까지 불러와 알씨로 동영상을 만들어 봅니다. (효과, 오프닝프레임, 엔딩프레임을 동영상에 적용해 봅니다.)

2 '문경새재.mp4' 파일을 내 블로그에 포스팅 해봅니다.

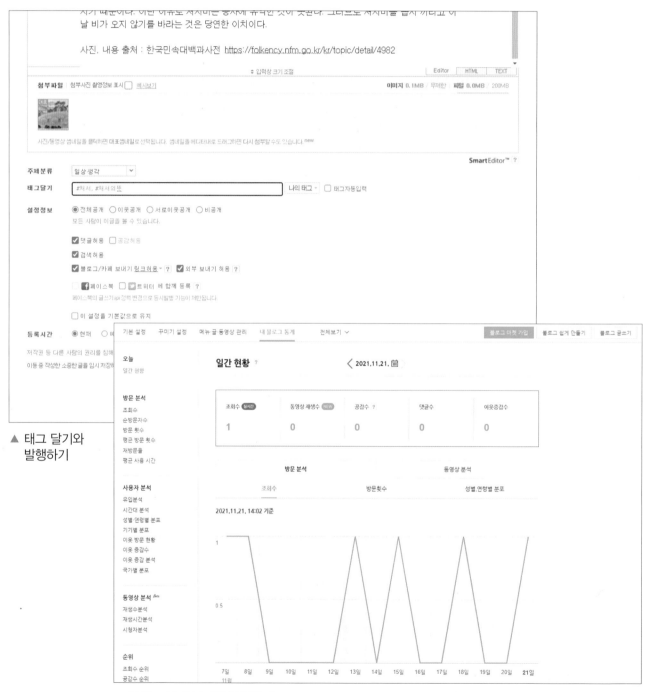

◁ 예제파일 : 없음   ◁ 완성파일 : 처서_완성.jpg

✱ 이번 장에서는

이때까지 배운 기능들을 활용해 보다 주목을 끌 수 있는 실질적인 글쓰기 작성법을 배워보도록 하겠습니다.

▲ 태그 달기와
발행하기

▲ 블로그 통계 보기와 분석하기

01 네이버 검색 창에 '처서'를 입력하고 '돋보기(🔍)'를 클릭합니다.

02 [절기정보]의 '처서 (處暑)'를 클릭합니다.

03 검색한 내용이 나타나면 '정의', '내용' 부분을 블록 지정하고 마우스 오른쪽 단추를 눌러 나타나는 바로가기 메뉴에서 '복사'를 클릭합니다.

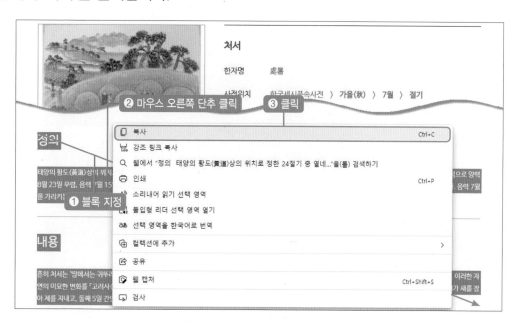

04 복사한 내용을 한글 프로그램을 실행하여 '붙이기(📋)'를 클릭합니다.

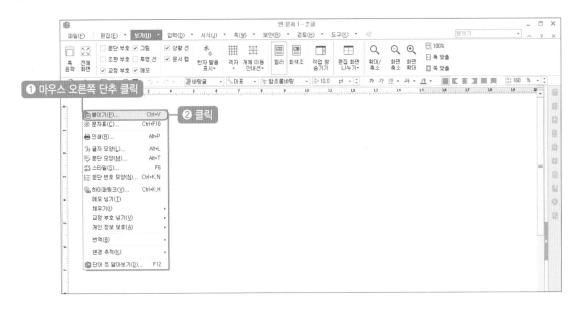

05 [HTML 문서 붙이기] 대화상자가 나타나면 '텍스트 형식으로 붙이기'를 클릭하고 〈확인〉 단추를 클릭합니다.

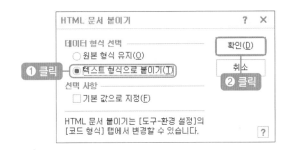

06 다시 인터넷으로 돌아와 이미지의 '더하기(➕)'를 클릭합니다.

07 사진이 확대되면 마우스 오른쪽 단추를 클릭하여 '다른 이름으로 사진 저장'을 클릭합니다.

08 [다른 이름으로 저장] 대화상자가 나타나면 저장할 위치를 선택한 후, 파일이름에 '처서'를 입력하고 〈저장〉 단추를 클릭합니다.

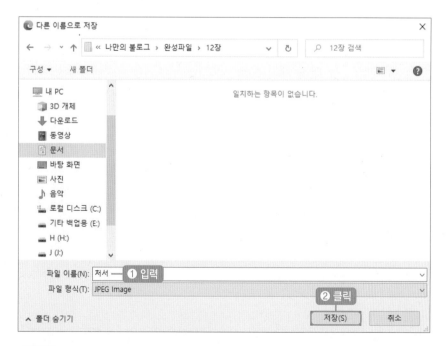

TIP

본문에 이미지는 6~20개 정도 넣어주는 것이 보다 검색이 잘 됩니다.

01 네이버 홈페이지에 로그인하여 프로필 영역에 [블로그]를 클릭한 후 [내 블로그]를 클릭합니다.

02 내 블로그 첫 화면에서 '관리' 메뉴를 클릭합니다.

03 [기본 설정]-[기본 에디터 설정]에서 '스마트 에디터 2.0'을 클릭한 후 〈확인〉 단추를 클릭합니다.
이어서, '성공적으로 반영되었습니다' 창이 나타나면 〈확인〉 단추를 클릭하고 '블로그 글쓰기'를
클릭합니다.

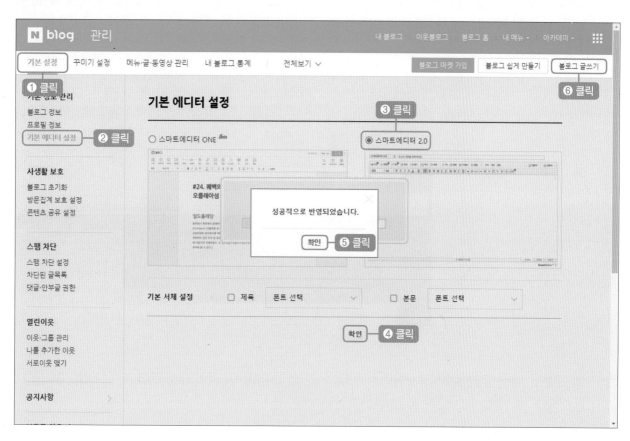

04 제목과 본문에 '처서, 처서의 뜻'을 입력합니다. 이어서, 카테고리는 '◆생활정보'를 선택하고 본
문 내용(우리 나라의 24절기 중 더위가 가시고 가을이 왔음을 알리는 '처서'에 대해서 알아보겠습
니다.)를 입력하고 **Enter** 키를 두 번 누릅니다.

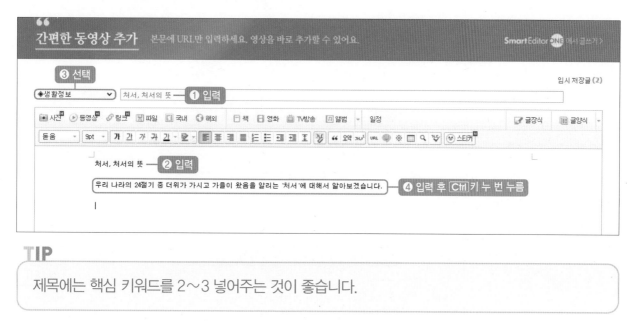

TIP

제목에는 핵심 키워드를 2~3 넣어주는 것이 좋습니다.

01 한글에 복사해 놓았던 처서에 관한 내용을 전체 블록 지정하고 마우스 오른쪽 단추를 눌러 나타나는 바로가기 메뉴에서 '복사하기(📋)'를 클릭합니다.

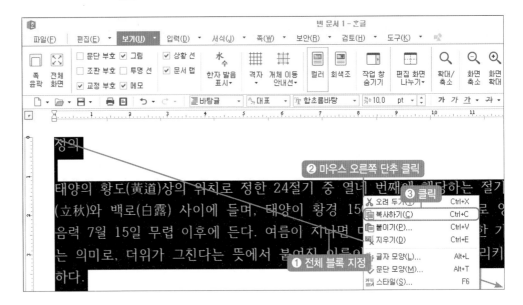

TIP

본문은 너무 짧은 글보다는 길이가 적당히 긴 글이 더 많이 공유가 됩니다. 본문 내용 중간 중간에 키워드를 넣어 주는 것이 좋습니다.

02 복사한 내용을 블로그에 붙여넣기 한 후 제목을 제외한 본문을 블록 지정하고 '글꼴(돋움)', '글꼴 크기(12pt)'로 선택합니다.

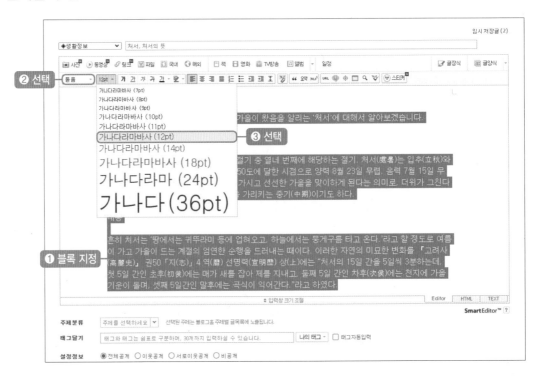

03 제목을 블록 지정하고 '가운데 정렬', '글꼴 크기(18pt)'를 선택한 후 '배경색(📑)'에 '더보기(🔽)'를 클릭하여 '보라색'을 클릭합니다.

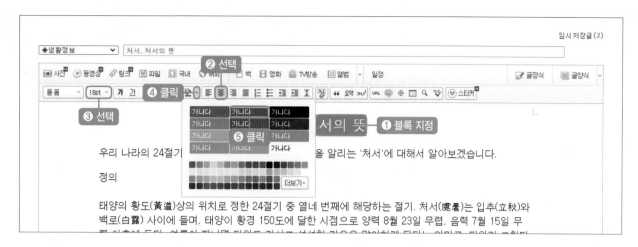

04 본문의 첫 문단과 정의 글자 사이를 클릭하고 '사진(📷)'를 클릭합니다.

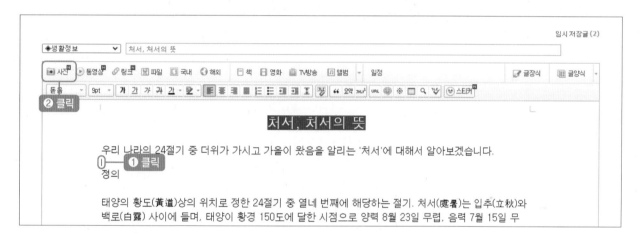

05 [네이버 포토업로더] 창이 나타나면 '내 PC(🖥)'를 클릭한 후 네이버 검색 창에서 검색하여 저장한 '처서.jpg'를 클릭하고 〈열기〉 단추를 클릭합니다.

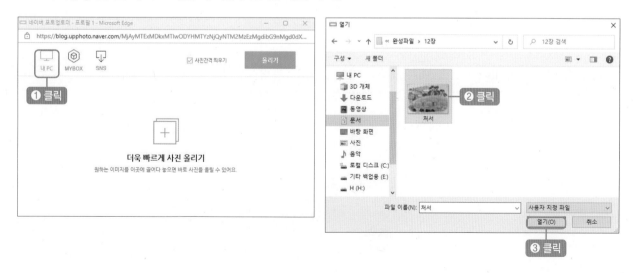

06 사진 업로드가 완료되면 〈올리기〉 단추를 클릭하여 본문에 사진을 삽입합니다.

07 사진과 글에 대한 출처를 본문에 추가하기 위해 검색한 사이트의 URL 주소를 블록 지정하고 마우스 오른쪽 단추를 눌러 나타나는 바로가기 메뉴에서 '복사'를 클릭합니다.

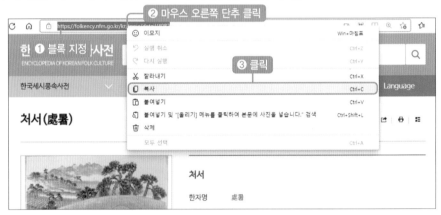

TIP

블로그를 방문하는 사람들은 새로운 정보를 얻고자 하므로 차츰 자신만의 콘텐츠와 '내용', '영상', '사진'을 올리도록 합니다. 자신이 가장 잘하고 좋아하는 내용을 올리는 것이 좋습니다.

08 본문 제일 아래에 '사진, 내용 출처 : 한국민속대백과사전'를 입력한 후 마우스 오른쪽 단추를 눌러 나타나는 바로가기 메뉴에서 '붙여넣기'를 클릭하고 **Enter** 키를 누릅니다.

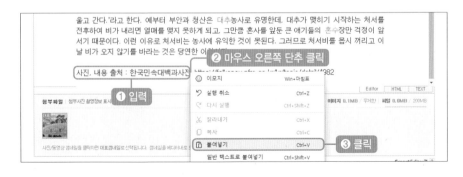

01 주제분류에 '일상·생각'을 선택하고, 태그달기에 '처서'를 입력한 후 [Space Bar] 키를 누릅니다. 이어서, '처서의뜻'을 입력하고 〈확인〉 단추를 클릭합니다.

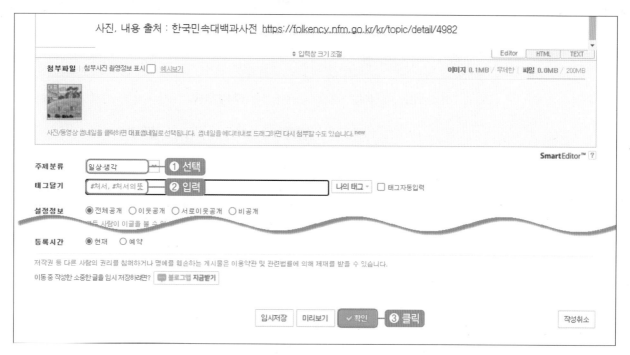

TIP

태그에는 공백을 넣지 않습니다. 태그가 구체적일수록 검색 될 확률이 높습니다.

05 **블로그 통계 보기와 분석하기**

01 내 블로그 첫 화면에서 통계(❀)를 클릭하여 '조회수', '동영상 재생수', '공감수', '댓글수', '이웃증감수'를 확인입니다.

TIP

아직 활동을 하지 않아 조회수나 공감수 등이 '0'으로 나타납니다. 활동을 하게 되면 점점 통계숫자나 일일방문객과 내 글을 구독하는 이웃의 수가 늘어납니다.

활용마당

● 예제파일 : 없음   ● 완성파일 : 없음

1 '추석의 뜻'에 대해서 블로그 글을 작성해봅니다.

2 '세배하는 법'에 대해서 블로그 글을 작성해봅니다.

MEMO

MEMO

MEMO

MEMO